PEGGY POST, la nuera bisnieta de Emily Post, es reconocida en la actualidad como la primera autoridad en etiqueta y como autora de docenas de libros. Millones buscan sus consejos a través de sus columnas mensuales en las revistas *Good Housekeeping* y *Parents* y en sus artículos en *InStyle Weddings* y en WeddingChannel.com. Dicta anualmente cientos de conferencias y concede entrevistas para los medios de comunicación; sus apariciones en programas de televisión incluyen *Dr. Phil, The Early Show, Good Morning America, The Today Show, The View, CBS Evening News, Live with Regis & Kelly, VH1, CNN* y *Oprah.*

Los 100 Dilemas
de los Buenos Modales

CÓMO MANEJAR SITUACIONES
INCÓMODAS

Peggy Post

TRADUCCIÓN DEL INGLÉS
POR ROSARIO CAMACHO-KOPPEL

rayo
Una rama de HarperCollins*Publishers*

CON GRATITUD, DEDICO ESTE LIBRO a las miles de personas que acuden a nosotros en The Emily Post Institute en busca de respuestas para sus consultas y problemas relacionados con la etiqueta. El interés y el deseo de tener un comportamiento cortés y unas relaciones respetuosas son prueba de que la etiqueta sigue viva y en plena salud, aún en el acelerado mundo de hoy, a veces impersonal.

Dedico también este libro a mi bisabuela política, Emily Post, cuyo espíritu comprensivo y cuyos consejos, siempre válidos a través del tiempo, siguen en plena vigencia para ayuda y motivación de tantos.

Emily Post es una marca registrada de The Emily Post Institute, Inc.

LOS 100 DILEMAS DE LOS BUENOS MODALES. Copyright © 2006 por Peggy Post. Traducción © 2007 por Rosario Camacho-Koppel. Todos los derechos reservados. Impreso en los Estados Unidos de América. Se prohíbe reproducir, almacenar o transmitir cualquier parte de este libro en manera alguna ni por ningún medio sin previo permiso escrito, excepto en el caso de citas cortas para críticas. Para recibir información, diríjase a: HarperCollins Publishers, 10 East 53rd Street, New York, NY 10022.

Los libros de HarperCollins pueden ser adquiridos para uso educacional, comercial o promocional. Para recibir más información, diríjase a: Special Markets Department, HarperCollins Publishers, 10 East 53rd Street, New York, NY 10022.

Diseño del libro por Judith Stagnitto Abbate/Abbate Design

Este libro fue publicado originalmente en inglés en el año 2006 por Collins, una rama de HarperCollins Publishers.

PRIMERA EDICIÓN RAYO, 2007

Library of Congress ha catalogado la edición en inglés.

ISBN: 978-0-06-137735-8
ISBN-10: 0-06-137735-X

07 08 09 10 11 WBC/RRD 10 9 8 7 6 5 4 3 2 1

AGRADECIMIENTOS

TANTAS PREGUNTAS DE TANTAS PERSONAS constituyen la base para este libro. Algunas de ellas me han sido de gran utilidad al preparar las respuestas que se encuentran en estas páginas.

Empezaré agradeciendo a Elizabeth Howell, cuya capacidad de organización, creatividad y fortaleza han sido especiales para mantener este proyecto en curso.

Van también mis agradecimientos para Toni Sciarra y a Mary Ellen O'Neil, y los demás miembros del maravilloso equipo de Collins que me ayudaron con la cuidadosa supervisión, edición y publicación de este libro.

Agradezco a Katherine Cowles, Cindy Post Senning y Peter Post por sus sabios consejos y constante apoyo; a Tricia Post por todo su trabajo en nuestro sitio web emilypost.com. Agradezco igualmente a Julia Martin y Matt Bushlow por sus ideas frescas.

Quiero reconocer con gratitud la ayuda de Ellen Levine, Judy Sane Debrovner y Jessica Brown de la revista *Parents*; de Clare McHugh y Lauren Lipton de *InStyle Weddings*; y a Rosanna McCollough y Marilyn Oliveira de WeddingChannel.com. Quiero agradecer a cada uno de estos socios editoriales por brindarme la oportunidad de ayudar a sus lectores y a los usuarios de su sitio web a encontrar soluciones para sus dilemas de etiqueta.

CONTENIDO

INTRODUCCIÓN

Preguntas, Preguntas, Preguntas...

PARA ALGUNOS DE ESTE NUEVO SIGLO tanto el nombre de Emily Post como el concepto de etiqueta pueden parecer extraños dados el ritmo acelerado, el ímpetu y el carácter sofisticado de nuestras vidas. Lo cierto es que, en el Emily Post Institute, recibimos cada día más consultas sobre etiqueta—de hecho, *miles* de consultas al mes. Nos llegan a través de nuestro sitio web y a través de los escritorios de nuestros socios editoriales, entre ellos *Good Housekeeping, Parents, InStyle Weddings,* WeddingChannel.com y *The Boston Globe*; se nos hacen a todos y cada uno de los miembros de la Familia Post que escriben libros y dictan seminarios sobre etiqueta y talleres sobre modales infantiles. Además, se nos hacen estas consultas cuando viajamos para el lanzamiento de algún libro y en los cientos de presentaciones personales que realizamos cada año. El aluvión de preguntas proviene también de los medios de comunicación—de reporteros de diarios y revistas, de radio y televisión y de reporteros en línea.

Las preguntas que trato en este libro cubren tanto la etiqueta tradicional como las situaciones actuales de nuestra vida contemporánea—desde los rituales, o el olor corporal de un compañero de trabajo hasta las conversaciones bilingües en los cubículos de las oficinas; desde cómo presentar a una persona, cuando no podemos recordar su nombre, hasta cómo responder a las preguntas impertinentes sobre el sueldo personal; desde cuándo llevar un regalo para la anfitriona hasta si es correcto o no aplicarse lápiz labial en la mesa del comedor, y mucho más.

Hay momentos en los que algunos requieren "guiones" para los dilemas de la vida, un libro donde encontrar respuestas sencillas a las situaciones que nos dejan aparentemente perplejos. *Los 100 Dilemas de los Buenos Modales* ofrece soluciones claras para los momentos potencialmente incómodos de la vida. Si intenta decidir si es correcto o no ir con la persona con la que está saliendo a la boda de un amigo sin consultarlo antes con su anfitrión, aquí encontrará la respuesta. ¿No está seguro de si debe o no dar propina cuando el servicio que ha recibido ha sido desastroso? No hay problema. ¿Quiere que alguien lo apoye cuando usted sostiene que no es necesario responder a una invitación que dice RSVP? Lo lamento, no seré yo quien lo haga; pero si se pregunta qué hacer con esa mamá que, durante un viaje en avión, no es capaz de controlar a su desesperante hijito que comienza a caminar, búsquelo aquí y encontrará el consejo para lo que debe decir.

Considere este libro *Los 100 Dilemas de los Buenos Modales* como su guía permanente. Tiene muchísima información en un mismo sitio para que las incertidumbres de la vida cotidiana resulten un poco más fáciles de sortear. Después de todo, como decía Emily: "Cuando hay una reunión, hay etiqueta." Esto significa que, en un día cualquiera, hay docenas de situaciones en las que tal vez alguien sepa o no sepa "qué hacer." Las siguientes son 100 de las preguntas que recibimos con más frecuencia. Es posible que no lo abarquen todo, pero espero que pueda ayudarle a salir de unos pocos atolladeros—y servirle de guía para sortear airosamente algunos de los momentos más importantes de la vida.

Con mis mejores deseos,

PEGGY POST
OTOÑO DE 2006

1

Conversaciones:

Lo Bueno, Lo Malo y Lo Incómodo

Consejos Para una Conversación Amable

PREGUNTA: La próxima semana la compañía de mi esposa dará una fiesta con motivo de las celebraciones de esta época del año, y soy el peor conversador. ¿Me pueden dar algún consejo?

RESPUESTA: Anímese—la mayoría de las equivocaciones graves en una conversación las cometen quienes hablan demasiado, no quienes hablan muy poco. Piense antes de hablar. Haga una lista de posibles temas y téngalos en cuenta, eso le ayudará a iniciar una conversación. Evite hacer preguntas que deban responderse con un sí o un no. "¿Qué planes tiene para estas vacaciones?" le dará mejor resultado que "¿Saldrán para estas vacaciones?" No dude en presentarse, especialmente a otro extraño que probablemente se estará sintiendo también como pez fuera del agua.

EL ARTE DE LA CONVERSACIÓN TRIVIAL

Hay quienes simplemente parecen tener el don de la palabra—pueden entablar una conversación, sin ningún problema, con personas absolutamente desconocidas. Las siguientes son algunas indicaciones para convertirse en un gran conversador:

1. **MANTÉNGASE BIEN INFORMADO SOBRE TEMAS DE ACTUALIDAD.** Propóngase como objetivo ser un buen conocedor de temas generales. Lea los diarios locales y nacionales y las revistas de noticias; vea los noticieros de televisión para enterarse de lo que está ocurriendo en su ciudad, en el país y en el mundo. Manténgase al día en los temas de la farándula y el arte mediante revistas de interés general y a través de la televisión. Sepa qué equipos deportivos van ganando y cuáles van perdiendo.

2. **CONSULTE LAS OPINIONES DE LOS DEMÁS.** Antes de asistir a cualquier evento, piense en unas cuantas preguntas que puede hacer al comienzo de una conversación. Por lo general, a todos nos gusta que se nos pida nuestra opinión acerca de algún tema.

3. **EVITE LOS TEMAS CONTROVERSIALES.** La política, el sexo y la religión son campos minados en potencia. Lo que desea es iniciar una conversación agradable, no una discusión.

4. **SEPA QUIÉNES SON SUS ANFITRIONES.** Si no sabe muy bien quiénes son sus anfitriones, entérese de sus intereses de antemano. ¿Practican el esquí, les gusta salir de excursión, viajar, se interesan por las computadoras? Haga unas cuantas preguntas a quienes los conocen o analice las fotografías u otros objetos que tengan en su casa para obtener indicios de sus aficiones. Cuando hable con ellos o con otros invitados, los intereses de los anfitriones pueden ser un buen medio para iniciar una conversación.

5. **PRACTIQUE, PRACTIQUE, PRACTIQUE.** También las personas con las que se encuentra día tras día—los conductores de taxi, los dependientes de los almacenes, el personal de entrega de envíos postales—pueden ser sus interlocutores. Entre más practique, más fácil le resultará.

6. **NO OLVIDE ESCUCHAR CON ATENCIÓN.** Deje de preocuparse por lo que dirá después y concéntrese más bien en lo que la otra persona está diciendo. Esta persona se sentirá más a gusto hablando con usted si sabe escucharlo (esto significa establecer contacto visual, hacer algún gesto de asentimiento o un pequeño comentario cada cierto tiempo). Además, la conversación fluirá más fácil en ambos sentidos dado que podrá aprovechar lo que la otra persona ha dicho para pasar a otros temas. Si realmente no se le ocurre nada que decir, hágale una pregunta y escuche un poco más.

✳

Las Diez Principales Preguntas Impertinentes—y las Respuestas Rápidas

1. "¿CUÁNTO GANA?"

"No lo suficiente para comprar la casa que venden calle abajo."

"Mamá me enseñó a no hablar nunca de dinero, excepto con mi contador."

2. "¿HIZO UN BUEN NEGOCIO AL VENDER SU CASA?"

"Nos fue muy bien, gracias."

3. "¿CUÁNTO LE COSTÓ ESE VESTIDO?"

"¿Por qué? ¿Se ve muy costoso?"

4. "¿SU HIJO ES ADOPTADO?"

"Realmente tiene una personalidad excepcional ¿cierto?"

5. "¿SE TIÑE EL CABELLO?"

"Lo siento, eso es algo que sólo nos concierne a mi peluquero y a mí."

6. "¿TE HAS HECHO ALGUNA CIRUGÍA—COMO QUITARTE LAS ARRU-GAS?"

"¿Oye, así de joven me veo? ¡Debe ser el estilo de vida sano que llevo!"

7. "¿POR QUÉ VAS AL MÉDICO?"

"¿Realmente quieres saberlo?"

8. "¿TE SIENTES BIEN? TE VES CANSADA."

"Realmente ¡me siento muy bien!"

9. "¿CUÁNTOS AÑOS TIENES?"

"Veintinueve y aún aguanto"

"Hoy me siento como de noventa y tres."

10. "¿DE QUÉ HABLAN USTEDES DOS?"

"Nada que valga la pena contar en casa."

RESPUESTAS DE RESCATE

Recurra al humor. Convierta la pregunta en un chiste intrascendente.

Utilice lenguaje corporal. Deje que la expresión de su cara diga, "No toqué ese tema."

Responda con sinceridad. "Preferiría no decirlo," o "No quisiera responder esa pregunta, me siento incómoda."

"Ahí te va." Si todo falla, devuelva el balón con otra pregunta que se adapta a cualquier pregunta indiscreta: "¿Por qué preguntas?"

✳

Cómo Recuperarse de una Metida de Pata

PREGUNTA: Hace poco le pregunté a la bibliotecaria del colegio de mi niña para cuándo esperaba su bebé. Para mi espanto, respondió: "No estoy embarazada." Sólo pude balbucear, "¡Oh, lo siento!" y desaparecí tan pronto como pude. ¿Qué debería haber hecho?

RESPUESTA: No se sienta tan culpable, lo que respondió estuvo muy bien. La mejor forma de recuperarse de una metida de pata es disculparse y cambiar el tema—a la mayor brevedad. "¡Lo siento! ¡Tal vez necesito anteojos! Y a propósito, me encantan sus gafas nuevas. ¿Dónde las consiguió?"

CÓMO REFINAR UNA SITUACIÓN INCÓMODA

La Metida de Pata: Confundir la hermana de una amiga con su madre.

Cómo Suavizarla: "Creí que Stacy me había dicho que iba a encontrarse con su *mamá* para almorzar con ella hoy. De todas formas ¡te ves demasiado joven para ser la mamá de Stacy!" Por lo general, cualquiera está dispuesto a pasar por alto un comentario que nunca pretendió ser ofensivo.

La Metida de Pata: Su hijo pequeño señala a un hombre en el supermercado y grita: "¡Mami, mira que barrigota!"

Cómo Suavizarla: ¡La inocencia de los niños! Sin perder la calma, indíquele a su hijo que se calle y luego dígale que vaya a disculparse con el otro cliente. Más tarde, explíquele que no debe decir cosas que hieran los sentimientos de los demás.

La Metida de Pata: Quejarse de tener que buscar un regalo para el día de la madre ante una amiga cuya madre acaba de morir.

Cómo Suavizarla: Admita que se comportó de manera insensible— "Lo siento, no pensé"—y siga su camino.

La Metida de Pata: Decir "Encantado de conocerlo," en una reunión de negocios, y que esa persona responda, "¿No se acuerda? Nos conocimos el mes pasado en la convención de la cámara."

Cómo Suavizarla: "Ya lo recuerdo. Soy muy mala para recordar nombres. ¡Lo siento!" Si puede, agregue algo para enfatizar que no lo había olvidado del todo: "Hablamos del nuevo software que está desarrollando su empresa para los administradores del hospital." Esto le comprobará a su interlocutor que al menos recuerda la conversación. También este otro consejo es útil: cuando le presenten a alguien a quien posiblemente ya haya conocido, diga: "Encantado de verlo," en lugar de "Encantado de conocerlo."

✳

El Chiste de Mal Gusto

PREGUNTA: Después de beber demasiado en una fiesta, cosa que pocas veces hace, mi esposo contó un chiste que pienso que ofendió a uno de los invitados. Mi esposo se siente muy incómodo y preferiría que yo simplemente olvidara el asunto. Pero la anfitriona es una buena amiga. ¿Debo pedirle disculpas?

RESPUESTA: Es difícil presentar disculpas a nombre de otra persona. Su esposo debería aceptar la responsabilidad de su comportamiento—si cree que su comentario pudo ofender a alguien, él debe disculparse. Si también usted quiere expresar a su anfitriona su preocupación por el incidente, lo puede mencionar. Sin embargo, trate de no darle mayor importancia. Es posible que su amiga ni siquiera haya escuchado el chiste, y al llamar la atención hacia esa situación podría convertirla en algo más incómodo. La próxima vez que hable con ella, dígale en tono intrascendente: "Ya conoces a Sam, él se deja llevar—es posible que haya escandalizado a Linda la otra noche. Espero que no lo haya tomado muy en serio."

DIEZ TROPIEZOS EN LA CONVERSACIÓN

- "Ya veo que tengo que ponértelo en términos más sencillos."
- "¿Estás cansada? Lo pareces."
- "¡Me acabo de enterar! ¿Es verdad que tú y el espantoso de Chris se van a divorciar?"
- "¿Te hiciste una cirugía plástica? Por alguna razón, te ves mejor."
- "¿Por qué estás usando eso (un parche en el ojo, un cuello ortopédico)?"
- "¿Qué le ha pasado a la piel de Bobby desde que está en el colegio?"
- "¿Tu bebé no está muy pequeño para su edad?"
- "¿Vives *allá*? ¡Es una ciudad tan sucia!"
- "¿Qué te hizo elegir ese sofá?"
- "¿Para cuándo es el bebé?" (Cuando la persona no está embarazada.)

El Tema de la Política en una Fiesta

PREGUNTA: Hace poco, en una fiesta, empecé a hablar de política con algunos de los invitados y la discusión se tornó candente. La anfitriona parecía incómoda. Disfruto un buen debate y creo que nuestro argumento era bastante civilizado, pero mi esposa insiste en que fue mala educación de mi parte poner el tema de la política en la fiesta. ¿Cuál de los dos tiene razón?

RESPUESTA: Una discusión inteligente de un tema interesante puede ser un gran entretenimiento en una fiesta, siempre que nadie recurra a palabras ofensivas ni la convierta en una discusión desagradable a plena escala. La mayoría de los temas están permitidos—acontecimientos mundiales, deportes, la bolsa de valores, inclusive la guerra y la política—si todos se saben expresar racionalmente y saben escuchar con una mente abierta absteniéndose de insistir con demasiada vehemencia en sus propias opiniones. A menos que la conversación se haya convertido en una verdadera batalla verbal, no debería considerarse de mal gusto.

LAS TRES REGLAS DEL JUEGO

Aunque está bien hablar superficialmente de temas delicados en reuniones sociales, es importante saber hacerlo de modo que estimule una discusión inteligente—y que no haga que algunos se retiren y que otros empiecen a discutir. Las siguientes son algunas reglas para mantener la conversación controlada y en términos amables:

1. *Tenga en Cuenta su Público*

Piénselo dos veces antes de comenzar a tratar un tema candente. Si alguien tiene un familiar en el ejército, por ejemplo, no sería buena idea iniciar una conversación sobre la guerra contra el terrorismo.

2. *No Ataque*

No diga "¡Te equivocas!" o "¡Eso no es así!," es como decirle a su interlocutor que es menos inteligente o menos sincero. Es mucho más conveniente decir: "No creo estar de acuerdo contigo en ese punto," o "Me parece que..."

3. *Sepa Cómo Poner Fin a la Discusión*

Si una discusión no está llegando a nada, deténgala y calme los ánimos, haciendo un comentario como: "Pobre Catherine, apuesto que no esperaba semejante efervescencia cuando nos invitó a su casa," o "Harry, he disfrutado nuestra discusión tanto como la excelente cena que nos dio Catherine. Pero, dejemos el tema y simplemente pongámonos de acuerdo en que estamos en desacuerdo. ¿Te parece bien?" o "Bien, es evidente que no estamos de acuerdo en este punto, pero entiendo tu posición." Y luego, sin más demora, cambie de tema: "¿Qué opinas de los Yankees?"

✳

6

Cómo Cortar Relaciones con su Estilista

PREGUNTA: Me acaba de cortar el pelo otro estilista en el salón a donde generalmente voy porque mi estilista estaba enferma. Me encantaría continuar con la nueva, pero mi estilista me ha cortado el pelo durante los últimos cuatro años y no quiero herir sus sentimientos ¡Ayúdenme!

RESPUESTA: Cambiar de estilista es como terminar una relación: la clave radica en ser sincera y educada. Evitar la situación podría herir sentimientos. En cambio, hable con su estilista y dígale que su compañera de trabajo le hizo un nuevo corte: "Realmente me encantó la forma como Pam me cortó el pelo; voy a pedirle que me lo siga cortando. Espero que me entienda." Déle las gracias y dígale que la recomendará a sus amigas. Lo más probable es que entienda y que también agradezca que usted siga yendo a su salón. Tal vez se sienta incómoda, pero es algo a lo que la mayoría de las estilistas tienen que enfrentarse en algunas ocasiones. De hecho, el consenso entre los estilistas, al igual que entre otros profesionales, es que prefieren saber la razón por la cual alguien deja de utilizar sus servicios. Quieren que sus clientes se sientan satisfechos y agradecen cualquier comentario al respecto.

DESPEDIR CON JUSTICIA: UN ADIÓS AMABLE

No es fácil decirle a la estilista, a la niñera, a la muchacha del servicio o a la asistente, que ya no se requerirán sus servicios. De hecho, hay quienes prefieren soportar un mal corte de pelo, o ignorar el polvo y la suciedad debajo de las sillas antes que despedir a alguien. No es que sean blandos de corazón. Simplemente no les gusta herir los sentimientos de los demás. Pero, a veces, es necesario prescindir de los servicios de alguien y hay una forma correcta de hacerlo.

- *Tener una buena razón.* Como cliente o empleador, uno tiene la responsabilidad de dar la descripción del cargo y comunicar lo que espera en cuanto al servicio. Desde el primer momento, debe dar información esquemática de lo que quiere y actualizar sus preferencias según sea necesario.

- *Hacer una advertencia dentro de un tiempo prudencial.* Muchos despidos se producen por incompetencia general o por un incumplimiento específico de algún aspecto del trabajo. Antes de despedir a alguien, debe hacer una advertencia al empleado o al proveedor del servicio—una explicación razonable de lo que le preocupa—y darle también la oportunidad de corregir el problema.

- *Dar un preaviso adecuado.* A veces, el problema no se debe al desempeño sino a que los servicios ya no se requieren o no son factibles. Su situación puede cambiar: tal vez ha llegado la época en que los hijos se van de casa y ya no es necesario hacer una limpieza diaria; o es posible que el presupuesto ya no le permita seguirse dando el lujo de peinarse en un salón muy exclusivo. Es algo que hay que explicar tan pronto como sea posible.

- *Sinceridad ante todo.* Esto significa no recurrir a disculpas ficticias. No fingir que ya no va a tener quien le ayude con la limpieza de la casa, sólo para dar media vuelta y contratar a alguien más. En cambio, dígale a quien vaya a despedir que las cosas no mejoraron después de que le indicara cuáles eran los problemas específicos y que ha llegado el momento de cambiar.

- *Sea amable.* No hay por qué ser cruel. Siempre habrá algo que elogiar en el trabajo que dicha persona haya realizado.

Presiones de La Asociación de Padres y Maestros

PREGUNTA: Los padres de la Asociación de Padres y Maestros no dejan de llamarme para que les ayude con los proyectos de la escuela; pero estoy abrumada ya con mi trabajo y mis hijos. ¿Qué debo hacer?

RESPUESTA: El simple hecho de no poder ser la presidenta de un gran grupo de recaudadores de fondos para la escuela no significa que no pueda ayudar en absoluto. Obtenga detalles de lo que se requiere para proyectos específicos y elija una tarea de la que se pueda hacer cargo—llenar sobres, enviar volantes por correo o asistir a un evento de fin de semana. Tanto sus niños como la escuela se beneficiarán de su participación por pequeña que sea, y disfrutará la interacción con otros padres. Así, cuando los demás padres pidan voluntarios, puede explicarles que usted ya está ayudando.

CÓMO DECIR "NO"

Ya sea por temor de ofender a los demás o por temor de perder popularidad, a la mayoría no le gusta decir que no. Sin embargo, la franqueza es señal de consideración. Los demás merecen saber cuál es su posición y no hablar con claridad sólo empeora las cosas—por ejemplo, decir primero que sí (sólo por "amabilidad") para luego cambiar de parecer y decir que no va a poder. La siguiente es una forma de decir que no de modo que resulte más fácil para todos:

Tómese su tiempo antes de contestar—cuente hasta diez. Haga una pausa. Piense—aunque su respuesta se requiera en cuestión de minutos (no deje que sea más difícil para quien presenta la solicitud al tener que sacarle una respuesta a la fuerza), considere los pros y los contras. Tenga muy claros sus límites (tiempo, dinero, interés). El resultado será que podrá contar con el poder de sus convicciones para que le sea más fácil negarse y para que su negación sea mejor aceptada.

Acentúe los aspectos positivos: responda en forma respetuosa. Las respuestas como "No, pero gracias por pedírmelo" y "No. En el momento no puedo ayudar, pero gracias por pensar en mí," demuestran que usted agradece que la otra persona la haya tenido en cuenta.

Siempre que sea posible dé una razón. Cuando pueda, conviene dar una razón buena y sincera. "Apenas si me alcanza el tiempo por la mañana para alistarme, alistar a los niños y salir todos de casa a tiempo." "Colaboro con otras obras de beneficencia." "Tengo tres hijos en la universidad y sencillamente no tengo cómo hacerlo." No hay que ponerse a la defensiva, basta que su razón sea sincera y sirva para liberarla del compromiso.

No dé pie a equívocos. Si dice "No lo creo" o "Tal vez no debería" está enviando un mensaje mixto. No prolongue una situación incómoda. Sea directa.

Sea clara en cuanto al futuro. No deje la puerta abierta para más solicitudes, a menos que definitivamente quiera recibirlas. Por ejemplo, si sabe que no tendrá tiempo para ser una ayudante en el salón de clases de su hijo, ahora o en el futuro, responda claramente "No. Con mi horario de trabajo, lo siento, no puedo ayudar, le haré saber si mi situación cambia." Sin embargo, si le gustaría poder ayudar en el futuro, dígalo. "No, en el momento no puedo, pero realmente me gustaría ayudar después, en algún otro momento. Llámame de nuevo el año entrante."

Cuidado con las trampas. Cuídese de...

La Adulación. "¡Tus tartas de auyama son *tan deliciosas!* ¿Qué me dirías si te pidiera que prepararás cinco para la cena de Acción de Gracias?"

La Imposición. "Tienes que ayudar. Todos los demás están llamando a 200 personas de la lista."

Dejar que el problema de otra persona se convierta en el suyo. "¡Estoy tan atareada! ¿No podrías... ?"

Pase el balón. ¡Con amabilidad, claro está! Ofrezca una solución o una alternativa pero sólo si es viable. "No puedo asistir a la reunión, pero a Charles le gustaría ir en mi lugar." Asegúrese de confirmar primero con la otra persona.

✳

El Dilema del Estacionamiento para los Discapacitados

PREGUNTA: Tengo una placa para el automóvil con un símbolo de uso de espacio para discapacitados en los estacionamientos. Pero a veces la gente me mira mal y hace comentarios desagradables porque no pueden ver mi discapacidad ¿Qué debo responder?

RESPUESTA: Dado que su discapacidad no se nota, algunos pueden suponer, erróneamente, que está abusando del privilegio de estacionamiento para discapacitados. La respuesta más segura es no hacer nada e ignorar las miradas y comentarios de los demás. Aunque tal vez esto hiera su orgullo y posiblemente no ponga fin a las reacciones negativas, responder podría empeorar la situación llevándola a una confrontación desagradable. Si desea responder, defienda su territorio con altura. En un tono de voz tranquilo, diga: "Se ve molesto ¿Qué le ocurre?" Adopte la actitud de la Madre Teresa, no la de Tony Soprano. Si su tono es amable, es muy posible que pueda iniciar una corta conversación al respecto sin que la situación se torne desagradable. O podría también intentar otra alternativa preventiva: imprimir algunas tarjetas para colocar en el parabrisas con un mensaje que dijera algo así: "Tengo artritis incapacitante. Aunque mi discapacidad no se nota, tengo acceso al estacionamiento para discapacitados." Claro está que hay unos cuantos a quienes no podría importarles menos cuál sea su enfermedad. Son incapaces de sentir empatía, por lo tanto, simplemente ignórelos.

CÓMO TRATAR A UNA PERSONA DISCAPACITADA

En los Estados Unidos, los discapacitados representan el 17 por ciento de la población, lo que los convierte en un importante grupo minoritario. Estas cincuenta millones de personas son tan humanas como usted. Si tiene esto en cuenta le será más fácil que se olvide de cualquier ansiedad que pueda experimentar en presencia de alguien con una discapacidad.

- No la mire fijamente, ni siquiera con discreción.
- Se aplican todos los modales básicos—saludos amables, sonrisas, "por favor" y "gracias," así como las presentaciones.
- Evite el exceso de amabilidad. Si quiere ayudar, pregunte primero. Quienes han aprendido a desplazarse en una silla de ruedas o en muletas o quienes usan aparatos ortopédicos o son independientes a pesar de ser ciegos o sordos, se sienten orgullosos, con razón, de su independencia. Actúe según se lo indique la misma persona o quien la atiende.
- Absténgase de hacer preguntas de carácter personal a cualquiera con una discapacidad. Si la persona quiere hablar de su situación, se referirá brevemente al tema.
- No le tenga lástima. La vida es lo que uno hace de ella. Si una persona discapacitada no considera su vida una tragedia, lo más probable es que no lo sea.

✳

Cómo Ponerle Fin al Correo
No Solicitado Amistoso

PREGUNTA: ¿Cuál sería una forma amable de pedirle a alguien que dejara de enviar chistes, propaganda política y otros mensajes remitidos por correo electrónico?

RESPUESTA: En una situación de trabajo o a nivel personal, muchos se ven inundados con correos electrónicos y por lo general se molestan, en lugar de sentirse agradados, al recibir mensajes remitidos. Si es víctima del "correo no solicitado amistoso," dígale al remitente de forma amable y sincera que deje de enviarle esos correos. Dígale: "John, me encanta saber de ti, por favor, deja de enviarme chistes por correo electrónico. Vivo tan ocupado en el trabajo que no tengo tiempo de leerlos y llenan mi buzón. Pero no dejemos de estar en contacto, como siempre."

DIEZ COSAS QUE NO SE HACEN CON
EL CORREO ELECTRÓNICO

1. REENVIAR CHISTES DE MAL GUSTO
2. ESCRIBIR TODO EN MAYÚSCULAS
3. DIFUNDIR CHISMES
4. HABLAR DE TEMAS PERSONALES DELICADOS

5. CRITICAR A LOS DEMÁS

6. QUEJARSE DEL TRABAJO O DEL JEFE

7. DAR DETALLES SOBRE UNA DIFICULTAD PERSONAL

8. UTILIZAR EL CORREO ELECTRÓNICO PARA EVITAR DAR LA CARA

9. ENTRAR EN DETALLES SOBRE PROBLEMAS PERSONALES DE SALUD

10. DISCUTIR CON MIEMBROS DE LA FAMILIA O AMIGOS

2

¡Qué Grosero!

10

Una Sorpresa Desagradable

PREGUNTA: Hace poco, tuve que devolver una mercancía en un almacén de ropa, la vendedora demoró mucho tiempo y luego fue muy cortante—no se disculpó, tampoco dijo "Gracias," "Que tenga un buen día" o, por lo menos, "Adiós." ¿Cómo puedo responder al comportamiento descortés de un empleado?

RESPUESTA: Tiene dos alternativas: hablar o no decir nada. Si quiere responder, mire a la persona a los ojos, sonría y diga: "¡Gracias!" Por exceso de trabajo o remuneración insuficiente, cualquiera puede tener un mal día, un encuentro positivo podría cambiar el karma. De no ser así, podría informarle a la gerencia que un miembro del personal de ventas ha olvidado las reglas básicas de cortesía. Aún mejor, escriba una carta—indicando todos los detalles. Las quejas por escrito son más difíciles de ignorar.

¡DISCULPE, SU ACTITUD ES GROSERA!

La mayoría simplemente ignora la grosería, tal vez por temor a que una discusión, por pequeña que sea, pueda llegar a adquirir proporciones mayores o porque la afrenta es tan imprevista que no hay oportunidad de reaccionar. Está bien responder a un comportamiento rudo siempre que esa respuesta no lleve a una confrontación desagradable que podría estallar. Mantener la calma con una actitud amable es la mejor forma de dejar en claro su punto de vista. Tal vez obtenga otra ventaja más. Es posible que sus buenos modales sean contagiosos. Las siguientes son algunas normas para decidir si responder o no a una actitud grosera:

No tome las cosas como algo personal. Tal vez la persona que se ha comportado en forma ofensiva está pasando un mal día. En lugar de centrarse en la ofensa de la que ha sido objeto, procure imaginar la situación por la que puede estar pasando la otra persona—el disgusto de una confrontación reciente, problemas financieros, la enfermedad del cónyuge.

Examine la importancia de lo que le ha molestado. ¿Logrará algo con un comentario desagradable sobre la persona que utiliza una tarjeta de crédito en una caja registradora que dice "Sólo Efectivo" o será simplemente una pérdida de energía emocional?

Dé un buen ejemplo. La grosería engendra grosería. Si trata mal a un cajero de un banco, no se sorprenda si recibe el mismo tratamiento.

Cuente hasta diez. Cuando el comportamiento de alguien le molesta, respire profundo varias veces y pregúntese: "¿Vale la pena impacientarse por esto?"

Conviértalo en broma. Responder a un comentario como "¡Te ves terrible!" con una respuesta fantástica como "¡Gracias por tu amabilidad!" es mejor que decir "¡Bueno, tu no te ves muy bien tampoco!" Si no se le ocurre algo gracioso o amistoso como respuesta, limítese a reír y cambie el tema.

❉

Problemas Telefónicos

PREGUNTA: He dejado varios mensajes a una funcionaria de información pública en una entidad local sin ánimo de lucro donde trabajo en una campaña para recaudar fondos. No me ha devuelto mis llamadas. ¿Qué debo hacer?

RESPUESTA: Intente otra vez antes de darse por vencida. Diga: "Señora Hollines. Es Jack Pierce (mi teléfono es xxx). Soy miembro del Comité de la Campaña para la Niñez y llamo por el evento de abril. Me preocupa la fecha límite del compromiso para la recaudación de fondos por lo que le pido el favor de que me devuelva la llamada. Necesito información antes de continuar. Gracias." No olvide dejar su número telefónico. Si aún así no recibe respuesta, comuníquese con otra persona de la organización, explíquele, en buenos términos, el problema y pídale ayuda. De lo contrario, si tiene forma de obtener información en cualquier otro lugar, no dude en hacerlo.

LOS TIEMPOS MÁS GROSEROS

A medida que aumenta la velocidad de la vida moderna, parece escalar también el nivel del comportamiento grosero. A continuación presento algunos de los comportamientos más groseros que desafortunadamente encontramos en la actualidad:

El *"escándalo por celular."* Difundir una conversación por celular en un lugar público como si la persona con la que se está hablando fuera sorda.

Conducir de forma irresponsable. Cambiar constantemente de carril (desafortunadamente sin utilizar las direccionales) y conducir normalmente como loco, poniendo en riesgo las vidas de los demás.

Contar chistes racistas o étnicos. Trasmitir "chistes" sin gracia que representan un insulto para la inteligencia del interlocutor denigrando contra todas las razas y poblaciones.

Despreciar a trabajadores de servicio doméstico y dependientes de almacenes. Tratar mal a los trabajadores como si fueran personas inferiores.

Decir groserías en público. Utilizar palabras obscenas, en especial cuando hay niños en las proximidades que las puedan oír.

Permitir que sus niños incomoden a los demás. Dejar que los niños corran sueltos o hagan ruido en restaurantes, supermercados, teatros u otros lugares públicos o privados.

Insultar al árbitro. Sólo porque el árbitro/director/entrenador del equipo tome una decisión que no favorece al equipo de su hijo, no significa que tenga derecho a insultar al funcionario deportivo ni a los jugadores del equipo contrario o a los espectadores.

Dejar suciedad en la vía pública. Ensuciar la vía pública o la calle con escupitajos, basura o excrementos de perro sin recoger.

No ceder el puesto. En el transporte público, permanecer sentado cuando es evidente que una persona mayor, una mujer embarazada o alguien con una discapacidad necesita ese puesto más que usted.

Abrirse camino a la fuerza por entre una multitud. Esto es especialmente desagradable—además de ser peligroso—cuando la persona que pretende pasar a toda costa va en patines, en bicicleta, en un carrito eléctrico o empujando un coche de bebé. Aún sin el equipo adicional, cualquiera que trate de abrirse camino a la fuerza por entre una multitud—especialmente sin siquiera decir "¡Disculpe!" no es más que una persona absolutamente grosera.

"Colarse." Ya sea en la fila de una caja registradora u ocupando un lugar del estacionamiento que alguien más, evidentemente, estaba esperando.

Demorar la fila de la caja registradora por estar hablando por el celular. Ignorar a los demás—hacerles perder el tiempo mientras habla por el celular.

✳

12

"Disculpe, Pero Sigo Yo... "

PREGUNTA: Hace poco estaba haciendo una larga fila en el mercado de verduras del barrio y llevaba bastante tiempo esperando. Se abrió una fila nueva y una mujer que acababa de llegar al final de la fila anterior se apresuró a tomar el primer lugar. La cajera empezó a registrar su compra ¿Qué debería haber hecho yo?

RESPUESTA: Si alguien le quita el puesto en la fila, puede decirle de inmediato: "Disculpe, pero yo estaba delante de usted... Creo que me toca a mí." Si la persona no cede, no insista—limítese a comunicárselo al gerente. Sugiera que cuando se abra una nueva caja para atender a los clientes, la cajera debe decir "¿Puedo atender a la siguiente persona en la fila?" y, cuando esto vuelva a ocurrir, verá si su solicitud fue debidamente atendida.

LA RESPUESTA CORRECTA

Cuando el comportamiento de alguien lo enerva, pregúntese si vale la pena prestar atención a la persona que está actuando de esa forma. La respuesta suele ser no, pero, aún si decide no hacer nada, hay un antídoto sutil y efectivo contra la grosería: a los groseros mátelos con amabilidad. Al menos, hará que quien se porta así se sienta avergonzado y actúe de manera más civilizada. Las siguientes son otras estrategias para enfrentar la grosería:

Dé al ofensor el beneficio de la duda. Trate de no tomar la grosería como algo personal.

Demuestre empatía. Si en un avión el niño que se encuentra en el asiento detrás del suyo no deja de dar patadas contra el espaldar, diríjase con calma al padre: "Sé que el espacio es estrecho y que los niños tienen mucha energía, pero su niño no ha dejado de patear mi asiento desde que abordamos. Le agradecería que le pidiera que dejara de hacerlo. ¡Gracias!," o, si se trata de un niño mayor o un adulto, haga la misma solicitud con calma y en forma directa.

Promueva una respuesta positiva. "¡Cállese! ¡Me está enloqueciendo!" no es un comentario que vaya a obtener el resultado que busca. En cambio practique decir "Algunos tratamos de leer. ¿Podría hablar más bajito? ¡Gracias!" Dígalo con una sonrisa.

Llévelo a instancias más altas. Si es objeto de un trato descortés por parte de un empleado que no deja de tratarlo mal, comuníqueselo al gerente o escriba una carta a la compañía.

✳

3

"Encantada de Conocerlo"

13

Expresiones de Cariño

PREGUNTA: Soy divorciada con hijos grandes. ¿Cómo debo presentar a mi "otro hombre importante" desde hace tres años? Es evidente que no puedo usar el término *novio*.

RESPUESTA: Preséntelo por su nombre. De cualquier forma, definir una relación en el momento de una presentación puede ser una distracción; céntrese, en cambio, en un amable intercambio de nombres. Si decide explicar su relación personal, será más natural hacerlo durante la conversación.

En cualquier caso, encontrar una palabra para definir una relación fuera del matrimonio puede ser muy complejo. Ya se trate de una relación con alguien del sexo opuesto o del mismo sexo, palabras como *compañero* o *compañera, compañero de cuarto, la persona que vive conmigo, mi buen amigo,* pueden ser confusas y malinterpretadas. *Novio* o *novia* y especialmente *amigo* o *amiga* son unos términos infantiles e inadecuados para parejas de treinta años para arriba. Y *pareja sentimental* y *conviviente* son términos que tienen una connotación forzada y legalista. Quienes los van conociendo pronto se darán cuenta de que los dos tienen una relación romántica; es probable que los detalles de su relación personal no sean tan importantes para los demás.

CINCO DESATINOS AL HACER UNA PRESENTACIÓN

Algunos errores que se hacen al momento de presentar a las personas son resultado de fallas de memoria o nerviosismo, pero hay otras que se pueden prevenir. Evite estos errores en las presentaciones más fáciles:

Mirar para otro lado. Quienes miran hacia todos lados al momento de ser presentados a alguien pueden sufrir de nerviosismo o de timidez, pero lo que su actitud da a entender es que no están interesados en lo más mínimo.

Hacer comentarios demasiado personales. Temas como el divorcio, la pérdida reciente de un ser querido, la pérdida de un empleo y las enfermedades hacen que la gente se sienta incómoda y no deben mencionarse durante una presentación.

Interrumpir. Cuando alguien se encuentra ocupado en una conversación seria, no debe interrumpírsele para presentar a alguien. Espere un momento más conveniente.

Dejar a alguien fuera de la conversación que le sigue a una presentación. Una vez que haya sido presentado, no entable de inmediato una conversación animada con la persona que acaba de conocer, dejando por fuera, o a la expectativa, a la persona que los presentó. Asegúrese de que ambas partes estén incluidas en cualquier conversación que venga después de una presentación.

Excederse en elogios. Todo el mundo se siente incómodo por un exceso de elogios al momento de una presentación. Quienes gustan de ser casamenteros, deben tener esto en cuenta: aún si cree que dos posibles candidatos formarían una pareja perfecta, la mejor probabilidad será una presentación de bajo perfil. Exagerar los elogios probablemente dará como resultado una respuesta fría y desinteresada.

✳

14

Amnesia para los Nombres

PREGUNTA: ¿Qué puedo hacer cuando, al momento de presentar a alguien, olvido su nombre?

RESPUESTA: No entre en pánico. En un momento u otro, a todos nos ha ocurrido quedarnos en blanco al presentar a personas que conocemos. Sea sincero: "Que vergüenza—olvidé su nombre." Enfrentar la situación con valor es mucho mejor que ignorar la esperada presentación (y la persona a la que se estaba presentando). A veces se tiene la posibilidad de pedirle a alguien, en forma discreta, que le recuerde el nombre de la persona antes de que llegue el momento de hacer la presentación. Si es usted quien será presentado y sospecha que alguien ha olvidado su nombre, ayúdele a salir del momento incómodo extendiendo la mano y diciendo: "Hola, soy Susie Smith, encantada." La persona que la está presentando agradecerá su comprensión y su rápida reacción.

LA FORMA CORRECTA DE CONOCER Y SALUDARSE

Es cierto: las primeras impresiones *sí* cuentan. La imagen que usted proyecte al conocer a alguien será, en muchos casos, la imagen que esa persona siempre guarde de usted. Si sonríe y mantiene una actitud tranquila, si establece contacto visual, si da la mano con firmeza y saluda con afecto y sinceridad, probablemente causará una impresión positiva y duradera.

Levántese. En la actualidad ésta es una regla que se aplica tanto para los hombres como para las mujeres. Si no hay espacio para ponerse de pie—por ejemplo, si se encuentra en un restaurante, acuñado contra una mesa—levántese por un instante, extienda la mano y diga: "Discúlpeme por no levantarme, encantado de conocerla."

Sonría y establezca contacto visual. Su sonrisa transmite calidez, apertura; el mirar a la persona a los ojos demuestra sin duda que uno tiene la atención enfocada en ella.

Afirme el saludo. La fórmula directa "¿Cómo está?," "¡Hola!" y "Gusto en conocerla," son todas formas adecuadas de comenzar un saludo. Repetir el nombre de la persona—"Me agrada conocerla Señora Dowd"—no es sólo señal de buena educación sino que ayuda a recordar el nombre de esa persona.

Déle la mano. Tome firmemente la mano de la otra persona sin ejercer demasiada fuerza. Un apretón de manos correcto debe durar unos tres segundos, las manos entrelazadas se mueven hacia arriba o hacia abajo dos o tres veces, después de lo cual se sueltan y se da un paso atrás. Si le parece tonto indicar las veces que se deben subir o bajar las manos entrelazadas, recuerde la última vez que alguien sostuvo su mano por un tiempo aparentemente interminable y usted se preguntaba si en algún momento se la soltaría.

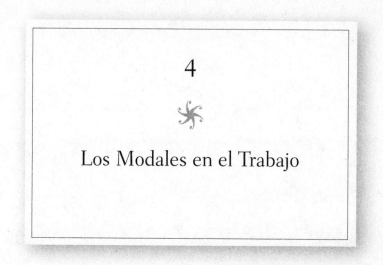

4

Los Modales en el Trabajo

Estornudar en la Mano

PREGUNTA: Observé como un cliente se llevó la mano a la cara y estornudó. Unos minutos después mi jefe me lo presentó. No quería estrecharle la mano, pero lo hice. ¿Tenía alguna otra opción?

RESPUESTA: No, en realidad no. Hizo lo correcto (suponiendo que su siguiente paso fuera ir al cuarto de baño a lavarse muy bien las manos con agua caliente y jabón). Si no le hubiera dado la mano, el cliente se hubiera preguntado qué le pasaba y su jefe hubiera quedado disgustado o incómodo por su actitud. En situaciones sociales, se tiene un poco más de margen—puede decir que tiene un resfriado, una razón más que legítima para evitar dar la mano, siempre que se ofrezca una disculpa y una explicación.

LENGUAJE CORPORAL EN OTROS PAÍSES

Al viajar al exterior, es importante saber interpretar el lenguaje corporal—es también un reto. Cuando se ha vivido por algún tiempo en otro país, probablemente se empieza a entender el lenguaje corporal local. Mientras tanto, aquí tiene algunas normas a seguir:

• *Espacio personal.* La distancia que se mantiene entre usted y los demás es importante; acercarse demasiado o permanecer demasiado retirado puede ser malinterpretado como una familiaridad no deseada o como un desprecio. Los norteamericanos y los europeos se sienten cómodos con una distancia de dos o tres pies entre una y otra persona. Los japoneses y otros asiáticos requieren más espacio, pero en la mayor parte del mundo esta distancia es menor.

- *El apretón de manos.* En América del Norte y Europa, un apretón de manos firme es la forma adecuada de saludar. En Asia y en el Medio Oriente, donde la costumbre de dar la mano es aún relativamente nueva, el apretón de manos tradicional es más suave; un apretón demasiado fuerte podría interpretarse como agresivo. En los países islámicos, es muy ofensivo darle la mano a una mujer. Por otra parte, se dice que en Francia nunca se exagerará por más que se dé la mano, allí las mujeres dan la mano libremente con la misma frecuencia que los hombres.

- *Una venia y otros saludos similares.* En Japón y en algunos otros países asiáticos la venia equivale a un apretón de manos. En Japón, un país muy consciente de las clases sociales, la persona del menor rango hace la venia primero y hasta más abajo. Los indios y los tailandeses pueden juntar sus manos a la altura del pecho, en un gesto similar al de la oración, como forma de saludo.

- *El contacto.* Los norteamericanos no son dados a tocarse en forma casual. Sin embargo, los latinoamericanos y los europeos del sur lo hacen con frecuencia. Si una persona nativa lo toca con un dedo para enfatizar una opinión o le toca el brazo en una conversación, no hay por qué sentirse ofendido. En el Medio Oriente, al igual que en los países del sureste asiático y en las islas del Pacífico, es corriente que el anfitrión tome la mano de un invitado. Son gestos que no se deben malinterpretar pero que tampoco se debe intentar copiar.

16

Documentos Privados: ¡No Mirar!

PREGUNTA: Mientras ordenaba algunos papeles en el escritorio de mi jefe, encontré la evaluación de una empleada amiga mía. Le han dado una mala calificación de desempeño y la pondrán en período de prueba. ¿Debo decírselo para que busque trabajo en otro lugar antes de que la despidan? Es un momento terrible para quedarse sin empleo.

RESPUESTA: Tal vez sus intenciones hayan sido buenas; sin embargo, espiar no es correcto. Esos documentos eran privados y usted no debió haberlos leído. El desempeño laboral de su amiga es un problema entre ella y el jefe. Además, es muy posible que usted se esté adelantando a los hechos. El poner a alguien a prueba no es igual a despedirlo. Es frecuente que los supervisores den a los empleados un tiempo para que mejoren su desempeño, con explicaciones específicas de cómo hacerlo. Su única obligación es brindarle apoyo a su amiga tan pronto como reciba las críticas acerca de su evaluación. Guíese por la actitud de su amiga para saber qué tanto está dispuesta a decirle acerca de su evaluación.

CÓMO SER UN BUEN OYENTE EN EL TRABAJO

En el trabajo, no sólo es una descortesía sino una mala práctica empresarial ser un oyente indiferente. Los supervisores sostienen que pueden saber fácilmente si un subalterno ha estado prestando o no atención por la calidad de las preguntas que haga al final de una conversación, así como por la precisión de sus conclusiones. Quienes recuerdan poner en práctica lo siguiente, son calificados como personas que saben escuchar.

Concentrarse. Preste cuidadosa atención a lo que la otra persona está diciendo y no permita que su mente divague. Tampoco deje que sus ojos vayan en otras direcciones. Mire a la persona; no mire sobre su hombro para ver qué está pasando alrededor. Además, sea paciente con alguien que habla demasiado despacio o que no encuentra las palabras adecuadas para comunicar lo que quiere decir.

Confirmar. Para indicar que entiende, repita ocasionalmente en sus propias palabras lo que su interlocutor le ha venido diciendo. Cuando ya tenga el ritmo de la forma de comunicación de la otra persona, podrá resumir en pocas palabras lo que le ha dicho sin que parezca que lo está interrumpiendo.

Esperar. En la conversación, la paciencia es una virtud e interrumpir es un pecado. Recuerde que hay una diferencia entre la interrupción ocasional que se hace para confirmar una idea o plantear una pregunta sobre un aspecto específico y la interrupción que se debe a que la persona no resiste el deseo de expresar su opinión. Lo primero está bien, lo segundo no.

Preguntar. Si hay algo que no entienda, pida una explicación.

Responder. Recurra al lenguaje corporal positivo para demostrar que está prestando atención. Inclínese ligeramente hacia la persona que habla, mantenga el contacto visual y reaccione ocasionalmente a lo que le dice con una señal de asentimiento, una sonrisa o levantando una ceja.

Permanecer tranquilo. Si está en su escritorio, no comience a revolver papeles ni a hacer un supuesto esfuerzo por continuar el trabajo que haya estado haciendo. Si está de pie, absténgase de cualquier gesto que pueda ser motivo de distracción como hacer sonar las monedas en su bolsillo. Mientras está en el teléfono, no debe masticar comida o chicle ni debe teclear fuertemente el teclado de su computadora.

✳

17

Situaciones Olorosas

PREGUNTA: Mi compañero de trabajo tiene un olor corporal muy desagradable. Los colegas hacen bromas al respecto, a su espalda. Le tengo lástima y quisiera ayudarlo. ¿Debería decírselo?

RESPUESTA: Las encuestas muestran que a la mayoría le gustaría que alguien le dijera, especialmente un amigo, que tienen un olor corporal ofensivo. Si ustedes dos no son realmente amigos, es mejor que no lo mencione. No vale la pena el riesgo de humillarlo o disgustarlo. Es posible que su problema se deba a un problema de salud. Si son muy amigos, o si tiene algún amigo en la oficina, usted o ese amigo podría abordar el tema así: "Debo decirte algo que tiene que ver contigo y de lo que me cuesta trabajo hablarte, pero es algo que si la situación fuera al contrario, si yo estuviera en tu lugar, querría que me dijeras. Además, quiero que sepas que me preocupo por ti y que deseo que tengas éxito en la vida. Por eso es que, como amigo, quiero decirte que tu olor corporal es un problema." Tal vez pueda recomendar algo que a usted le haya dado resultado. Asegúrele que esa conversación quedará entre ustedes y asegúrese de que así sea. Si nadie en la oficina le tiene la suficiente confianza como para hablarle del problema, le podría sugerir, en forma confidencial, a alguien de recursos humanos, que le hablara al respecto.

CORTESÍA EN LOS CUBÍCULOS DE LA OFICINA

Quienes trabajan muy cerca a otros tienen que tener especial consideración, ya que cualquier ruido u olor que emitan afecta a cuantos los rodean. Los siguientes son algunos de los principales campos minados en cuestiones de etiqueta para quienes trabajan en los cubículos de una oficina y las formas de evitarlos:

¿A qué huele? ¿Lleva usted comida a la oficina? Los alimentos muy condimentados y olorosos, como los sándwiches grasosos, el brócoli cocinado y el pan de ajo no deben ser cosas que consuma en su escritorio. Estos deben consumirse en el comedor, en la cocina, en la sala de descanso, en una sala de conferencias vacía o fuera de la oficina. Además, no exagere con el perfume o la colonia y haga cuanto pueda por evitar el olor corporal.

Aspectos mayores del arreglo personal. Pintarse las uñas, darse masajes en los pies, cortarse las uñas (¡atención con el cortaúñas!), peinarse o maquillarse no son cosas que deban hacerse en el escritorio sino en el cuarto de baño, o mejor aún, en casa.

La contaminación por ruido. Sea consciente de su contribución al ruido en la oficina y de cómo afecta y distrae a los demás. Mantenga su voz modulada al hablar por teléfono, limite el número de llamadas personales y no use el altoparlante ni escuche música a un volumen que los demás puedan oír. De igual forma, mantenga las conversaciones con los compañeros a media voz o busque una sala de conferencias vacía o un corredor dónde poder hablar.

Ausencia de privacidad. Sólo porque la puerta esté siempre abierta no quiere decir que los que trabajan en un cubículo estén siempre disponibles. No se puede golpear, en el sentido literal, pero sí se puede, y se debe, preguntar si se puede entrar, evitando "merodear," es decir, quedarse parado o asomarse por encima de la división para hablar con la persona del cubículo de al lado— estas interrupciones deben mantenerse al mínimo. Si el compañero con el que quiere hablar está hablando por teléfono, no empiece a revolotear. Inténtelo más tarde.

18

Control de Daños por Imprudencia en el Correo Electrónico

PREGUNTA: Por error, acabo de enviarle a mi jefe un correo electrónico ¡que *iba* dirigido a una amiga en contabilidad! ¿Qué debo hacer?

RESPUESTA: Enfrente de inmediato su error. Hable con su jefe antes de que ella venga a hablar con usted y dígale: "No puedo creer que haya hecho semejante tontería. Lo siento." Si los comentarios que hacía en esa comunicación expresaban frustración por como su jefe maneja las cosas, aprovéchelo como una oportunidad para hablar del problema. Si no tenía nada que ver con un ataque personal, sólo discúlpese, insistentemente, y haga cuanto pueda por cerciorarse de que el daño se resuelva con el tiempo.

LAS REGLAS DE ORO PARA LA ETIQUETA DEL CORREO ELECTRÓNICO

1. **SI NO LO PUEDE COLOCAR EN LAS CARTELERAS PARA QUE TODOS LO LEAN, NO LO ENVÍE.** Abundan las historias de los correos electrónicos "privados" que se volvieron una incómoda situación pública. Nada en el correo electrónico es privado; es muy común que la información más delicada termine en el buzón equivocado.

2. **SÓLO HAGA CLIC EN ENVIAR CUANDO SE HAYA CERCIORADO DE QUE EL MENSAJE ESTÁ LISTO.** Déjelo de lado por unos momentos y léalo de nuevo antes de enviarlo. Demore el envío de mensajes que puedan ser delicados utilizando la opción de Borrador o Enviar Más Tarde, como medida de seguridad.

3. **NO CEDA A LA TENTACIÓN DE ESCONDERSE TRAS EL CORREO ELECTRÓNICO.** Analice personalmente o por teléfono los temas más delicados. ¿Está a punto de despedir a un empleado por correo electrónico? Olvídelo y cumpla con esa responsabilidad cara a cara.

4. **ASEGÚRESE DE QUE SEA FÁCIL DE LEER.** Utilice un tipo de letra sencillo. Evite escribir los correos electrónicos en mayúsculas. En este medio, las mayúsculas equivalen a levantar la voz y además son difíciles de leer.

5. **VERIFIQUE LA ORTOGRAFÍA Y LA GRAMÁTICA.** Aún el mensaje más sencillo enviado por correo electrónico requiere el cumplimiento de algunas normas, sobre todo cuando se trata de correspondencia de carácter profesional.

6. **ANUNCIE SU MENSAJE.** Utilice la línea de asunto para ayudarle al destinatario a seleccionar sus correos electrónicos por orden de importancia.

7. **RENUNCIE A LOS CHISTES Y A LAS CADENAS DE CARTAS.** Limítese a enviar correo no solicitado personal sólo cuando sepa que quien lo va a recibir le agradará.

8. **RESPETE LA PRIVACIDAD.** No comparta las direcciones de correo electrónico de otros a menos que sepa que a ellos no les importará.

✳

19

La Importancia de Ser Puntual

PREGUNTA: Llegué cinco minutos tarde a una entrevista de trabajo porque me tomó más tiempo del que pensaba llegar allá. No obtuve el puesto, a pesar de que mis capacidades eran más que suficientes ¿Se debería a mi falta de puntualidad?

RESPUESTA: Probablemente lo que la perjudicó fue la tardanza. Hay una regla inviolable en las entrevistas de trabajo: ser puntual. Las primeras impresiones son las que permanecen y si la persona que va a hacer la entrevista tiene que esperar, le resultará muy difícil recuperarse de esa mala impresión. Evite que esto le vuelva a ocurrir: realice un recorrido de prueba hasta la empresa uno o dos días antes de la entrevista para saber cuánto tiempo le tomará llegar allí—incluya luego un tiempo de margen (de quince a veinte minutos adicionales), para asegurarse de que llegará a tiempo a la entrevista. Si se retrasa por motivos realmente inevitables, debe avisar que llegará tarde. Presente sus disculpas (sin inventar historias), informe cuánto tiempo se va a demorar aproximadamente y pregunte si preferirían reprogramar la cita. Deje en claro que las razones de su incumplimiento están fuera de su control (un daño en el medio de transporte, una repentina tormenta de hielo), lo más probable es que comprendan y acepten su retraso.

CUMPLIR CON UN TRATO SIN ROMPERLO

Son tantos los consejos que se dan a quienes asistirán a una entrevista de trabajo que los detalles más importantes pueden pasarse por alto. Las siguientes son algunas cosas que le darán una evidente ventaja en estas entrevistas.

1. **SEA PUNTUAL.** Programe su tiempo, para llegar temprano y con calma a la entrevista. Asegúrese de no llegar tarde—suceda lo que suceda. Disponga de un margen de diez a veinte minutos para su tiempo de desplazamiento y, si llega media hora antes, espere en otro lugar hasta que falten cinco (o inclusive diez) minutos para la hora de su cita.

2. **PREPÁRESE.** Lea información sobre la empresa u organización en revistas de industria y comercio y en los sitios web. Fórmese una idea de la compañía, de sus productos, mercados y planes de desarrollo. Prepárese para hablar de sus aptitudes y de su experiencia y, en especial, de sus fortalezas. Revise su hoja de vida, para acordarse de las fechas de sus anteriores cargos y de sus títulos. De ser necesario, corrija sus datos para destacar sus áreas de experiencia más relacionadas con el trabajo para el cual está presentando la solicitud. Pida a su pareja, o a algún familiar o amigo, que le ayude a ensayar la entrevista, o practíquela a solas, haciéndose mentalmente las preguntas que probablemente le harán y respondiéndolas en voz alta.

3. **VÍSTASE PARA EL ÉXITO.** Es un hecho que, en las entrevistas, la apariencia personal es muy importante. Para saber cómo vestirse, unos días o unas semanas antes de la entrevista, pase por la recepción de la empresa para ver cómo se visten quienes trabajan allí. Si no puede hacer una visita previa a la empresa, comuníquese con una persona de recursos humanos o con alguien que le indique el código de vestuario. Al escoger lo que se pondrá el día de

la entrevista, procure que sea mejor que lo que normalmente usan quienes trabajan en la compañía. Por ejemplo, si los hombres utilizan normalmente un pantalón y una camisa deportiva, póngase un pantalón con una camisa, una corbata y una chaqueta formal o una chaqueta deportiva. No exagere poniéndose algo demasiado chillón o llamativo, como una camisa de un color encendido, ni joyas en exceso. Observe con ojo crítico su abrigo, su paraguas y su bolso y/o portafolio—puesto que estos accesorios son parte de su atuendo y deben estar en buenas condiciones.

4. **SEA AMABLE.** Sonría, muéstrese como una persona llena de energía y establezca contacto visual con la persona encargada de hacer la entrevista. Será su oportunidad de demostrar que sabrá representar a la empresa y que es una persona segura, capaz de desempeñarse bien. La sinceridad, el entusiasmo y la actitud amable son muy importantes para una entrevista positiva y para dejar una buena impresión.

5. **DIGA "GRACIAS"—DOS VECES.** La primera vez, cuando termine la entrevista, acompañando esta expresión con buen contacto visual y un firme apretón de manos. Debe ser un enunciado claro—"Le agradezco realmente que me haya dedicado tiempo para explicarme el cargo"—y no simplemente un "Gracias," pronunciado entre dientes. Esa noche, o al día siguiente, dé las gracias, por segunda vez, ahora por escrito. Su nota puede ser manuscrita (legible) o en computadora—y, en algunos casos, podrá enviarla por correo electrónico. Usted decide la forma más adecuada. En la mayoría de los casos, una nota a mano, enviada por correo (correo lento), es lo más tradicional y la mejor elección. Sin embargo, tal vez prefiera enviarla por correo electrónico si se trata de una empresa técnica "punto com." Además, es un medio más rápido en caso de que quien le hizo la entrevista deba viajar o deba tomar una decisión sobre las entrevistas finales en el término de uno o dos días. También podría hacerle seguimiento a su correo electrónico con una nota escrita.

No tiene que ser muy larga, pero debe resumir sus puntos fuertes y responder cualquier duda que pueda haber surgido durante la entrevista. La nota debe terminar con un agradecimiento para el entrevistador, indicándole que espera que el resultado sea positivo. Deje su nota a un lado por un rato, para releerla antes de enviarla y asegurarse de que no tenga errores.

✳

20

Sellado con un Beso

PREGUNTA: Soy mujer y tengo un cliente que me saluda de beso. No me molesta, pero mi jefe lo considera extraño ¿Debo pedirle que lo deje de hacer? No quisiera ofenderlo ni poner en riesgo nuestra relación de negocios.

RESPUESTA: Por lo general, la mejor forma de saludar a un colega del sexo opuesto, en una situación de negocios, es con un apretón de manos. Sin embargo, si se trata de una situación de negocios de carácter *social*, como en un restaurante o en un cóctel, *y* se conocen bien, un beso en la mejilla es aceptable. (Nunca está bien visto un beso en la boca.) Cuando reciba a su cliente en una oficina, intente saludarlo con una sonrisa como una contraofensiva y ofrézcale su mano antes de que tenga la oportunidad de besarla. Esa estrategia es mejor que arriesgarse a que, al comentárselo a su cliente, el saludo de beso se convierta en un asunto incómodo.

MÁS ALLÁ DE UN APRETÓN DE MANOS

A veces, los saludos entre clientes de negocios van más allá de un apretón de manos. Las siguientes son algunas situaciones en las que es—o no es—aceptable otro tipo de saludo más personal.

El Beso en la Mejilla. Hombre y mujer deben abstenerse de besarse en situaciones de negocios porque, aún un beso inocente en la mejilla, puede ser malinterpretado. La excepción es cuando las personas se conocen bien; sobre todo cuando se encuentran en eventos casi sociales, como una convención o un almuerzo de trabajo.

El Beso al Aire. Este tocar la mejilla con los labios recogidos, que comenzó como una forma de evitar dejar rastros de maquillaje, puede ser interpretado como poco sincero. Es mejor limitarse al apretón de manos.

El Abrazo de Oso. Este abrazo con ambos brazos debe reservarse para viejos amigos o socios de negocios con los que se tiene una especial amistad o a quienes no se ha visto desde hace mucho tiempo.

El Semiabrazo. Este breve apretón en el que cada persona pone brevemente sus brazos alrededor de los hombros de la otra, es a veces adecuado para personas de negocios del mismo sexo, pero sólo si tienen también una estrecha amistad personal.

El Tomarse por los Hombros. Este combo de abrazo y apretón de manos consiste en tomarse mutuamente y con fuerza por la parte superior de los brazos con la mano libre mientras se le da la otra mano. Se usa generalmente entre socios de negocios que no se han visto por mucho tiempo pero que mantienen una relación de amistad.

✳

21

Hacer Regalos

PREGUNTA: Mi jefe siempre me hace un regalo en la época de las festividades ¿Debo darle uno también?

RESPUESTA: Por lo general, no. Podía interpretarlo como si pretendiera obtener alguna ventaja preferencial. Sin embargo, un regalo en conjunto con los demás empleados, que no sea demasiado costoso ni personal, estaría muy bien. O, si usted y su jefe han trabajado muy estrechamente durante años, darle un pequeño obsequio estará bien.

¿QUIÉN RECIBE UN REGALO EN EL LUGAR DE TRABAJO?

¿Debo Dar Regalos en la Época de Fiestas a Quienes me Reportan a mí?

Usted es el jefe, por lo tanto, ¡la decisión es suya! Es un gesto muy amable y una forma excelente de reconocer el trabajo de su personal. Si hace regalos hágalos de modo general—no los haga solamente a un jefe de departamento, dejando afuera a los otros dos. Las buenas ideas para dar regalos incluyen sabrosas delicias gourmet, certificados de regalo, boletos para el teatro o para un evento deportivo, libros, CDs o DVDs y botellas de buen vino.

¿Qué Hacer con los Regalos y los Compañeros de Trabajo?

El sistema de "Amigo Secreto" (en el que cada uno de los empleados saca de entre una bolsa o una caja un nombre y le hace un regalo a esa persona) y el de la bolsa de regalos de la que cada uno saca un paquete, son dos formas fáciles y divertidas de manejar los regalos para los compañeros de trabajo. (También se puede intentar lo que se conoce como el *"Yankee Swap"* donde se sacan números de una bolsa con los que se intercambian y se abren regalos anónimos.) Estas modalidades de intercambiar regalos mantienen bajos los costos y pueden resultar muy divertidas. Está bien dar regalos jocosos, que no lleguen a ser bromas pesadas (sin objetos de mal gusto ni groseros). Los regalos comestibles son fáciles y económicos. Se puede traer una bandeja de galletas o una caja de chocolates para compartir con los colegas.

¿Y los Clientes?

Normalmente, la política empresarial indica si está o no permitido dar *y* recibir regalos entre clientes y vendedores. Si están permitidos, por lo general hay un límite de costo (lo normal son $25 dólares). Si piensa hacer un regalo a un cliente, verifique primero cuál es la política de la empresa. Por lo general, se aceptan los regalos de cortesía, sobre todo durante las épocas de fiestas. Si recibe un regalo que contravenga la política de la empresa, es importante que lo devuelva con una explicación amable que evite que quien haya hecho el regalo se sienta incómodo.

❋

22

Los Límites de la Generosidad

PREGUNTA: ¿Cómo puedo negarme sin ofender a un compañero de trabajo que me pide que haga una donación para caridad o que compre algunos artículos destinados a recaudar fondos?

RESPUESTA: No se niegue a todas las solicitudes, puesto que pensarán que su generosidad deja algo que desear. Sin embargo, las solicitudes repetidas de los compañeros de trabajo, para distintas causas, que nos obligan a abrir la billetera todos los días, puede hacernos sentir que nos están despojando moneda a moneda. Si no desea contribuir, limítese a decir: "Ojala pudiera, pero me temo que, en el momento, no puedo dar nada." Si acaba de contribuir a otra organización, explique que sólo puede donar una determinada cantidad por año y que espera que la persona que pide la donación entienda. Algunas oficinas tienen una norma que limita la recaudación de fondos. Si en la suya no existe, podría sugerir que la establecieran.

LAS PALABRAS CORRECTAS CUANDO...

Un compañero de trabajo se compromete o se casa. Puede decir "¡Felicitaciones! ¡Te deseo lo mejor!" o "¡Me alegro por ti! ¿Qué planes tienes?" Asegúrese de que sus palabras sean sinceras. No haga demasiadas preguntas sobre la elección del cónyuge (¡para eso están los suegros!), tampoco exagere las historias de horror sobre los inconvenientes del matrimonio.

Una compañera de trabajo está embarazada. Exprese su alegría, pero no entre en detalles personales. Evite dar consejos a menos que se los pidan y evite cualquier conflicto con las opiniones médicas actuales. Es de mal gusto compartir detalles sobre su experiencia con el trabajo de parto o contar las historias de horror que haya podido escuchar.

Una compañera de trabajo tiene un aborto espontáneo. El aborto espontáneo es una muerte que requiere pasar por un período de duelo. Muestre su comprensión aceptando lo duro de la pérdida y siendo un apoyo para su amiga, en caso de que ella quiera hablar al respecto. No diga nunca: "Es para algo mejor," o, "Era lo que Dios quería." Y nunca, bajo ninguna circunstancia, dé a entender que el aborto pudo ser el resultado de algo que su compañera de trabajo hizo o dejó de hacer.

Un compañero o compañera de trabajo se divorcia. El divorcio puede considerarse como otro tipo de muerte. Es mejor escuchar que hablar, aunque, si se lo piden, puede ofrecer algún consejo práctico, como encontrar quién cuide a los niños o quién ayude con la declaración de renta. Además, haga lo que haga, no diga nada negativo sobre el que pronto será el ex de su compañero de trabajo ("¡Me preguntaba cuándo te desharías de ese hombre!"). Una respuesta simple—cualquiera que sea la circunstancia—es "Lo siento. Gracias por decírmelo."

Un compañero de trabajo está enfermo. Cuando un compañero de trabajo o un familiar de algún compañero está gravemente enfermo, los actos son más elocuentes que las palabras. Demuestre su comprensión ayudándole con su trabajo, sin quejarse de sus ausencias. Esté pendiente de si alguien en la oficina pretende demeritar el cargo de dicha persona en la oficina mientras se encuentra enferma, o si entra a sacar documentos o archivos de su oficina (son cosas que suelen ocurrir). Si la persona en cuestión es receptiva, manténgala al día sobre lo que ocurre en la oficina.

Un compañero de trabajo pierde a un ser querido. Escriba una nota de condolencia o exprésele su sentido pésame personalmente. Si son muy amigos, asista a la funeraria y al servicio funerario. Si no son muy amigos, no utilice esa ocasión como excusa para tomarse un día libre. Nunca haga comentarios como "Fue una bendición," y "Dé gracias de que ha dejado de sufrir." La muerte de un ser querido es algo que afectará profundamente a su compañero de trabajo por lo que no debe esperar que en sólo unas semanas vuelva a actuar como si nada hubiera ocurrido.

Un compañero de trabajo es despedido o es víctima de una reducción de personal. Exprese su comprensión pero no prolongue la agonía hablando del tema hasta el cansancio. Acepte la explicación oficial del despido que dé su compañero y no entre en especulaciones con él ni con nadie acerca de la causa del mismo. Si puede darle alguna ayuda práctica, hágalo—una recomendación, ayudarle a actualizar su hoja de vida, darle indicaciones de posibles oportunidades de encontrar empleo.

23

Un Nuevo Golpe Bajo: El Cubículo del Baño como Cabina Telefónica

PREGUNTA: Entré al baño en un restaurante y la mujer que estaba en el cubículo de al lado ¡estaba hablando por el celular! Me vi obligada a escuchar su conversación mientras las demás esperaban en línea para entrar al baño ¿Había algo que hubiera podido hacer?

RESPUESTA: ¿Ya no hay respeto por ningún lugar? ¡Uno pensaría que, en el cuarto de baño, estaría libre de las intrusas conversaciones por celular! Alguien que haga una llamada por celular en ese lugar está invadiendo su privacidad al obligarla a escuchar. ¡Sin mencionar el hecho de que está ocupando el cubículo del baño sin necesidad! No hay mucho que pueda hacer con semejante comportamiento grosero mientras usted está en el cubículo de al lado; pero, al salir, podría comunicárselo al administrador del restaurante. Pienso que los restaurantes deberían poner letreros indicando que no se debe utilizar el teléfono celular en el baño. Entre tanto, que los usuarios de teléfonos celulares tengan presente que, cuando deban hacer una llamada urgente por celular, deben hacerla afuera.

LAS CINCO SITUACIONES PRINCIPALES EN LAS QUE
DEBE APAGARSE EL CELULAR

Hablar Demasiado Alto

Siempre que haga una llamada en público, hable tan bajo como le sea posible. Nunca levante la voz en el teléfono. El hablar alto obliga a todos los que se encuentran alrededor a escuchar, por más que intenten ignorar su conversación.

No Apagar el Timbre del Celular en Lugares Donde Deba Guardarse Silencio

Los teatros, las iglesias, sitios de oración y las funerarias deben ser zonas libres de teléfonos celulares, al igual que la mayoría de los espacios cerrados (como los baños públicos) donde no se puede mantener una distancia de diez pies entre una persona y otra. Hay que apagar el timbre del teléfono y dejar que éste reciba los mensajes hasta que se encuentre en un lugar donde pueda hablar libremente sin perturbar a nadie. Si debe estar "disponible" por alguna razón, deje el teléfono en vibrador y cuando reciba la llamada salga con la mayor discreción y respóndalo donde no importune a nadie.

Ignorar a las Personas con las que se Encuentra en ese Momento.

Las personas que están presentes deben tener prioridad sobre las voces que llegan por teléfono. Si quiere que sus amigos o parientes se sientan como personas de segunda clase—¿es eso realmente lo que quiere?—entonces hable por celular o conteste las llamadas mientras sostiene una conversación con ellos. (Sin embargo, si su llamada repentina es una emergencia, recíbala: en ese caso, los demás entenderán.)

Hacer una Tanda de Llamadas en un Lugar Público

Mantenga las llamadas al mínimo cuando se encuentre en un sistema de transporte público, en una fila en un banco, en un almacén, en el cine, o en sitios donde haya mucha gente, como los aeropuertos.

Hacer una llamada tras otra (especialmente como una simple forma de pasar el tiempo) puede hacer que aún los más comprensivos oyentes cautivos se exasperen. Excepto en caso de emergencia, limite sus llamadas o retírese a un lugar más privado.

El Uso de Palabras Ofensivas

Si no puede evitar hacer que los demás soporten sus conversaciones telefónicas, no aumente la ofensa utilizando palabras obscenas o contando historias truculentas ("... mi cirugía fue así... ").

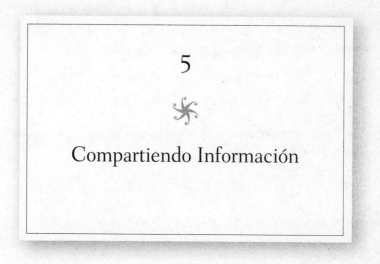

5

Compartiendo Información

24

Firmando las Tarjetas para los Días Festivos

PREGUNTA: ¿Es de mal gusto enviar tarjetas para los días festivos con el nombre impreso adentro? Es mucho más fácil que firmar 100 tarjetas.

RESPUESTA: Las tarjetas para las épocas festivas impresas con el nombre en vez de una firma son más adecuadas para uso comercial. Sin embargo, hay quienes usan esta modalidad para agilizar sus saludos de épocas festivas porque viven cortos de tiempo. La policía de los buenos modales no le expedirá una multa por utilizar este método para enviar tarjetas a sus amigos. Algunas ideas para aliviar la presión de estas épocas: acorte su lista, envíe sus tarjetas con suficiente anticipación, o elija enviarlas para una festividad diferente, menos atareada, como, por ejemplo, enviar sus saludos de fin de año en el año nuevo.

BOLETINES INFORMATIVOS DIGNOS DE ATENCIÓN

Otra forma de facilitar los saludos de las épocas festivas es enviar boletines informativos, éstos tienen básicamente la forma de una carta en donde se resumen las noticias personales de la familia para la época de año nuevo. En el mejor de los casos, estas cartas son una forma eficiente y divertida de actualizar a los amigos y a los parientes en las noticias de la familia; en el peor de los casos, son formas impersonales que se han ganado el mote de "Mira qué bien estamos." Las siguientes son algunas sugerencias de cómo redactar un boletín ameno y fácil de leer—no una aburrida sarta de humor navideño.

Lo que se debe hacer

- Envíe un boletín informativo de época festiva sólo a quienes crea que pueden estar realmente interesados en tener noticias de la familia.
- Asegúrese de que su carta sea de una página o menos.
- Cuídese de que sea una carta positiva y no demasiado personal.
- Incluya un saludo personal escrito a mano—"Queridos Kathy y Dale"—en lugar de "Queridos amigos."
- Para personalizar el boletín aún más, firme cada uno por separado. Además puede incluir una nota amistosa, como "¿Cómo va la nueva casa? ¡Nos encantaría saber de ustedes!"

Lo que no se debe hacer

- Alardear. "Sam y yo tuvimos la suerte de poder ir a Europa el pasado septiembre," es un comentario que está bien, en cambio, "Sam y yo fuimos por una semana a uno de los hoteles más lujosos de Francia en donde nos atendieron como reyes," sería como decir a todo trapo, "¡Muéranse de envidia!" Es lo mismo que informar el increíble puntaje SAT de su hija adolescente.
- No incluir detalles aburridores o macabros. A nadie le interesa saber los detalles de la estación deportiva del pequeño Tim jugando *T-ball* ni tampoco los detalles de su cirugía de juanetes.

❋

25

El Dilema de las Comidas en Grupo

PREGUNTA: ¿Cómo hago para invitar a otros a un restaurante pero informarles que cada uno debe pagar su cuenta?

RESPUESTA: Todo depende de cómo se presente la idea. Llame a sus amigos o parientes y diga: "¿John, Ellen y tu querrían reunirse con nosotros en Jackson's Place el sábado por la noche? Estamos diciéndoles a Michelle y a Eric que vengan también. Hemos pensado que sería divertido reunirnos los seis para salir a cenar." Si presenta su propuesta en esta forma, quedará claro que sólo está actuando como coordinadora social, no como anfitriona. Por lo tanto, todos deben entender que estarán cubriendo sus propios gastos. Sin embargo, si dijera "Vamos a dar una cena en Jackson's Place," o si enviara una invitación timbrada que dijera algo similar, sus invitados supondrían, con razón, que ustedes pagarán la cena.

UNA BUENA INVITACIÓN

Las invitaciones deben incluir la información básica de quién, qué, cuándo, dónde y por qué. A veces, a sus invitados les gustaría tener más información. A continuación se muestra cómo darles la información correcta:

Código de vestuario. Para invitaciones formales, notas tales como "Corbata negra" y "Corbata blanca" van impresas en la esquina inferior derecha. Para invitaciones informales, no es necesario mencionar el código de vestuario, aunque a los invitados les gustaría tener alguna información al respecto por lo que puede incluir notas como "Traje informal," "Informal pero profesional," "No venir en jeans, por favor" o "Traer chaquetas." Si no dice nada acerca de qué traje llevar, y quien recibe la invitación tiene dudas, está bien preguntarle al anfitrión o a otras personas que hayan sido invitadas.

"Favor no traer regalos." En una época considerado como algo inaceptable (y aún hoy, cuando se trata de una invitación a un matrimonio), ahora está bien incluir una nota que diga "Favor no traer regalos" en la parte inferior de la invitación, como para una fiesta de aniversario. Esta advertencia también puede hacerse personalmente o por teléfono a los invitados.

"Traer traje de baño." Si desea que sus invitados traigan algo especial, debe indicarlo en la invitación. "¡Hay piscina! No olviden los trajes de baño y las toallas."

Cena de contribución. Estas comidas, en las que cada invitado trae alguna cosa, son divertidas y una forma fácil de compartir los platos favoritos con familiares, amigos y pasar una velada agradable juntos. Es importante que todos entiendan que se trata de una olla común, de manera que hay que indicarlo en la invitación o decírselo a cada uno al momento de hacer la invitación. También puede asignar ciertos platos o ciertas categorías de alimentos según la persona (los aperitivos, la ensalada, el plato principal) para mantener un menú variado. Esto también se puede indicar en la invitación.

BYOB/BYOF. Las iniciales *BYOB* en las invitaciones significa "Traiga su propia botella;" los invitados traen sus bebidas y los anfitriones proporcionan los vasos, el hielo y, posiblemente, las bebidas para mezclar y/o los aperitivos. La sigla en inglés *BYOF* significa "Traiga su propia comida." Los invitados traen comida para ellos, no platos para compartir con los demás invitados (aunque si quieren la pueden compartir). Desde el punto de vista técnico, estos eventos son "organizados" y no tienen "anfitriones." Una nota importante: las invitaciones *BYOB* significan que los invitados deben estar dispuestos a dejar las botellas de bebidas alcohólicas no consumidas en la casa de los anfitriones. En los Estados Unidos, en casi todos los estados, es ilegal conducir un automóvil con botellas o recipientes de bebidas alcohólicas abiertos. Por otra parte, después de un *BYOF* o una olla común, se acostumbra a que los invitados le pregunten a los dueños de casa si desean quedarse con la comida que sobró o si prefieren que los invitados se la lleven para sus casas. Cualquiera de estas dos alternativas es válida.

¿Cuándo se termina la fiesta? Por lo general, no se considera buena educación, ni necesario, incluir en las invitaciones la hora a la que finalizará el evento, aunque hay excepciones; entre ellas, las invitaciones a fiestas infantiles (los padres tienen que saber a qué hora deben recoger a sus niños) y las invitaciones a las fiestas que anteceden a otros eventos como, por ejemplo, un cóctel antes de una función de teat ro o un *brunch* antes de una reunión de negocios. En estos casos, se incluye la hora de finalización para que los invitados tengan tiempo de llegar al siguiente evento. También se incluye la hora de finalización para reuniones de casa abierta, cuando los invitados pueden entrar y salir dentro de un margen de tiempo establecido.

6

Una Cita Perfectamente Cortés

26

Normas Básicas para Terminar una Relación

PREGUNTA: Estoy a punto de terminar una relación. ¿Es mejor decirlo en un lugar público, como un café, o en mi propia casa?

RESPUESTA: Deben reunirse en privado. Es mejor que la otra persona se entere del final de la relación con la cortesía de no ser vista por otras personas durante un momento tan traumático. Por lo tanto, no está bien programar estas situaciones para que se desarrollen en público con la esperanza de que la presencia de otras personas lo mantenga todo en calma; dar esta noticia en un lugar tranquilo, como su propia casa—o inclusive en una mesa apartada de un restaurante tranquilo—sería una forma más amable de hacerlo. Debe pensar en los sentimientos de la otra persona. Asegúrese de que esa persona esté relativamente tranquila y controlada antes de abandonar el lugar. Nadie que esté extremadamente molesto o alterado debe conducir ni irse solo. El simple hecho de que esté poniendo fin a una relación no significa que tenga que dejar de preocuparse por la seguridad y bienestar de la persona con la que estaba saliendo.

VOLVER A SALIR CON ALGUIEN

Para alguien que haya perdido su cónyuge por divorcio o muerte, o que haya experimentado el final de una relación prolongada, puede ser muy difícil comenzar a salir de nuevo con otra persona y, por lo general, quienes han tenido estas experiencias dejan sus vidas sociales en suspenso. Sin embargo, tarde o temprano, la mayoría decide que ha llegado el momento de lanzarse de nuevo al agua y buscar alguien con quien salir. Conviene entonces tener en cuentas las siguientes cosas que deben y no deben hacerse.

Debe dejarse disfrutar y gozar de la compañía de otros adultos. Salir con alguien no es un compromiso de por vida. Es una oportunidad de conocer a otra persona, de hacer algo distinto, de divertirse por unas pocas horas.

Debe comprender que los tiempos han cambiado. Si los nuevos rituales de salir con una persona le preocupan, hable con algunos de sus contemporáneos que estén saliendo con alguien para tener una idea más clara de cómo son las costumbres en su grupo social. Las costumbres de salir con alguien pueden cambiar considerablemente según la región, la cultura, la edad y se sentirá mejor si sabe qué esperar.

Debe establecer normas básicas para usted y para las personas con quienes salga. Decida qué espera de esa relación—si amistad o algo más. Piense en las cualidades que busca en sus posibles parejas y evalúe sus propias cualidades. Puede llegar a descubrir que han cambiado radicalmente sus expectativas en cuanto a los demás, desde cuando solía salir con alguien, y que ahora tiene para ofrecer más de lo que creía.

Debe contarle a las personas con quienes salga cuáles son sus responsabilidades familiares. Si tiene hijos (si es un padre que tenga o no tenga la custodia de los mismos) o si tiene que cuidar de algún miembro de su familia, es apenas justo que la persona con la que usted sale sepa cuáles son sus responsabilidades. Además, es mejor saber desde el comienzo si alguien está o no está interesado en una relación que incluya una familia.

Debe permitir que sus hijos sepan que está saliendo con alguien y presentarles a esa persona. Debe ser consciente de que, a cualquier edad, los hijos naturalmente tendrán preguntas que surgen de su preocupación por su padre o su madre y esta nueva relación que podría afectar a la familia. Los hijos no sólo necesitan que los tranquilicen sino que deben entender que el padre con el que viven tiene derecho a una vida social.

Debe abstenerse de expresar sus sentimientos, preferencias y de hacer preguntas a la persona con la que salga. Si se siente mejor compartiendo los gastos, dígalo abiertamente. No deje de ofrecer sugerencias y alternativas cuando alguien le pregunte qué le gustaría hacer o cuando sugiera una actividad que usted preferiría no hacer.

27

Cómo Simplificar las Presentaciones Difíciles

PREGUNTA: Mi antigua cuñada y yo nos conocemos desde que estábamos en la secundaria y, aunque ahora está divorciada de mi hermano, seguimos siendo buenas amigas. Sin embargo, ninguna de las dos ha podido definir cómo presentarnos a quienes no conocen nuestra historia familiar.

RESPUESTA: A menos que haya una razón para indicar su antigua relación, simplemente preséntense (y presenten a otros miembros de la familia) por sus nombres completos. Podrían decir: "Esta es Ashley McNamara, nos conocemos desde la secundaria." Si tienen los mismos apellidos y alguien pregunta si pertenecen a la misma familia, pueden decir con toda franqueza que no. O, si realmente desean describir la relación—y son ustedes quienes deciden si hacerlo o no—digan algo breve como "Solíamos ser parientas políticas, pero nunca hemos dejado de ser amigas." Luego la conversación debe tomar otro rumbo. A propósito, utilizar el término *antigua cuñada* como hace en su pregunta es más amable que llamarla una "ex."

EL DIVORCIO: NO ES MOTIVO DE CELEBRACIÓN

Comunicar un divorcio a los demás debe hacerse con tacto y delicadeza. Una costumbre reciente (afortunadamente no muy generalizada) es la de celebrar un divorcio en público dando una "fiesta de independencia" para la persona divorciada y enviar anuncios de divorcio "humorísticos" y tarjetas de felicitación. El anuncio de un divorcio no es el momento para adoptar un comportamiento que demerite al ex cónyuge. Tratar a un ex cónyuge como un objeto de ridiculización es cruel y de mal gusto y, en último término, no hará que *nadie* se sienta mejor. Los comentarios malintencionados sobre el ex cónyuge pueden también herir a los niños que están pasando por momentos difíciles de adaptación como consecuencia de ese trauma. Si estas razones no fueran suficientes, los anuncios y las fiestas de divorcio suelen ser contraproducentes, y el que aparece como frío e insensible es el cónyuge que celebra con alegría y no el ex cónyuge.

28

La Timidez de Conocer a Alguien en Línea

PREGUNTA: Conocí a mi novio hace un año a través de un servicio de citas en línea. Con frecuencia nos preguntan: "¿Cómo se conocieron?" No me siento muy cómoda hablando al respecto. ¿Cuál sería una forma no comprometida y sincera de responder a esa pregunta?

RESPUESTA: No hay por qué avergonzarse de admitir que se ha conocido a alguien en línea a través de un servicio de citas. Muchas personas lo hacen todos los días, y puede ser una excelente forma de relacionarse. Sin embargo, si no se siente a gusto, no hay por qué compartir la historia de "Cómo se conocieron." Hable en cambio de algo divertido que les haya ocurrido la primera vez que salieron juntos. "Bien, lo mejor es la historia de lo que nos ocurrió la primera vez que salimos, cuando Stan me llevó a esquiar por primera vez." También puede decir que se conocieron en una cita a ciegas (lo cual es cierto). Si el interlocutor insiste en obtener más información, simplemente diga: "No hablemos de eso, es noticia antigua. Le contaré, en cambio, del crucero que hicimos en enero."

CONSEJOS PARA ESTABLECER RELACIONES POR INTERNET

A pesar de todas las seguridades que se prometen, los servicios de citas en línea son relativamente nuevos y las medidas de seguridad al igual que la etiqueta del cliente pueden ser aún procesos "en construcción." Los siguientes consejos podrán ayudar a los suscriptores a obtener lo mejor a cambio de su inversión en tiempo y dinero:

- Utilice un servicio reconocido. Verifíquelo antes de inscribirse. ¿Cómo? Obtenga referencias de amigos o busque en las carteleras de mensajes, donde los clientes hablan de sus experiencias.
- Sea sincera al escribir sus datos personales y sólo publique una foto reciente. Revise cuidadosamente la redacción de su perfil.
- Responda cuando alguien se ponga en contacto con usted, aunque no esté interesada—basta un rápido mensaje que diga que lamenta no aceptar la invitación. Si ya no está disponible, infórmelo, pero no recurra a esta excusa si piensa seguir utilizando el servicio y su nombre cibernético.
- Si alguien utiliza lenguaje ofensivo o inadecuado, no responda.
- Si esta actitud continúa, notifíquelo al servicio.
- Protéjase, absteniéndose de dar información personal—apellido, dirección de la casa, número de teléfono, dirección de correo electrónico o dirección y número de teléfono de la oficina.
- Programe las primeras reuniones en un lugar público y limite su duración. Una hora deberá ser suficiente para decidir si quiere volverse a ver con esa persona o no. Informe a un amigo o a un familiar dónde estará y cuánto espera que dure esa reunión.

Algunos servicios son mejores que otros en cuanto a filtrar los contactos indeseables, y un usuario consciente analizará los perfiles de las demás personas con una cierta dosis de escepticismo. Es humano exagerar los atributos personales, y es algo que resulta especialmente fácil por Internet. Si le interesa alguien pero tiene dudas acerca de lo que dice, confíe en sus instintos e interrumpa cualquier contacto que le parezca raro o dudoso.

29

¿Pagar o No Pagar? Dilemas en una Cita

PREGUNTA: Estoy nuevamente soltera y conocí una persona con quien me gustaría salir. ¿Está bien si lo invito? Si yo invito, ¿significa que yo debo pagar?

RESPUESTA: Las encuestas demuestran que a muchos hombres todavía les gusta ser ellos quienes invitan a la mujer a salir y la mayoría de las mujeres siguen prefiriendo que lo hagan. Pero, al igual que muchas costumbres de hoy, la norma de quién invita no está tallada en piedra. Si quiere salir con él y él aún no se lo ha pedido, no lo dude y pídaselo. ¡Podría ser el comienzo de una linda amistad! Al invitarlo a salir, lo que le está diciendo en realidad es que usted piensa correr con los gastos. A menos que ambos acuerden de antemano ignorar la tradición de que quien invita paga, o que hayan decidido compartir los gastos, quien invita debe pagar la cuenta. Sin embargo, si están en un teatro o en un restaurante y su amigo insiste en pagar su parte de los gastos, no inicie una discusión por la cuenta. Agradézcaselo y acepte la oferta con distinción.

LA CABALLEROSIDAD DE LA IGUALDAD
DE OPORTUNIDADES

Afortunadamente, la caballerosidad no ha muerto. Pero ahora no se trata tanto de caballeros andantes que rescatan y protegen a damiselas en desgracia sino de mostrar consideración con los demás. Sostener la puerta para la persona que viene detrás de usted, ayudar a una amiga a ponerse el abrigo, ponerse de pie para recibir a alguien que llega—una persona educada debe tener estas actitudes para con todos, cualquiera que sea el sexo. Claro está que si el hombre insiste en ser el perfecto caballero y es absolutamente atento hacia la mujer, ella no tiene por qué ofenderse. Cualquiera que sea su motivo, su intención es ser amable.

Los siguientes son algunos gestos habituales de caballerosidad, actualizados y neutralizados para las diferencias de sexo:

- **Sostener la puerta.** Quienquiera que llegue primero a la puerta, la sostiene para los demás.
- **Salir del ascensor.** La persona que esté más cercana a la puerta sale primero.
- **Ayudarle a alguien a ponerse un abrigo.** Cualquiera que tenga dificultad para ponerse un abrigo o un suéter debe recibir ayuda, cualquiera que sea su sexo.
- **Pagar el costo de una cena.** Quienquiera que invite paga.
- **Ponerse de pie.** Ponerse de pie cuando alguien llega es siempre un gesto de cortesía—es especialmente importante cuando se trata de una persona mayor, un superior en el trabajo o un cliente. Es también lo que debe hacerse cuando se presenta a alguien.
- **Caminar por la calle.** Anteriormente, se acostumbraba que el hombre caminara entre su compañera y la calle, en los días en que los carros salpicaban lodo y los vestidos de las mujeres debían ser protegidos. Ahora, no importa quién vaya por la acera del lado de la calle.

- **Dar la mano.** Anteriormente, se suponía que el hombre esperaba a que la mujer le ofreciera la mano antes de darla él. Ahora, cualquiera que sea el sexo, las personas se saludan de mano cuando se encuentran y no importa quién extienda la mano primero.

- **Ayudar a llevar algo.** Un vecino o compañero de trabajo—cualquiera—que venga cargado de libros o paquetes agradecerá la oferta de ayuda de cualquiera que esté cerca.

30

¿Cómo Decir que No a una Segunda Cita?

PREGUNTA: Salí con alguien realmente muy amable, pero no me interesa volverlo a ver. Me ha llamado tres veces a pedirme que salgamos otra vez. ¿Cómo puedo negarme con firmeza pero con amabilidad?

RESPUESTA: Muchos, después de unos pocos rechazos, se dan cuenta. Pero si éste persiste, debe ser firme, sin ser cruel. Deje en claro sus sentimientos. Puede decirle: "Me halaga que quieras salir conmigo, John, y realmente pasé un buen rato la semana pasada, pero no estoy interesada en seguir saliendo contigo." Cuando hay una razón verdadera, hay que decirla: "Tengo alguien con quien estoy saliendo" o "Por principios, no salgo nunca con compañeros de trabajo." Evite cualquier comentario que dé falsas esperanzas a esa persona. No llegue al punto de insultos personales ni de inventar excusas que la preocuparán después.

CÓMO DETECTAR UN ENGREÍDO EN LA PRIMERA CITA

"A mi manera o a la calle." Estos pequeños dictadores siempre quieren estar en control. Por lo general, quien toma la iniciativa de salir tiene un plan en mente, pero debe estar dispuesto a

consultarlo y llegar a un acuerdo con la pareja. Eso muestra verdadero respeto.

Los que abandonan a su pareja. Tratar a las personas con las que se sale como si fueran papas calientes, abandonándolas a su suerte en reuniones sociales, es una ofensa contra la etiqueta de las citas. Ocuparse de la persona a la que se ha invitado a algún lugar y presentarla a los demás es simple cortesía.

Los que les encanta alardear. Ejemplos: el hombre que piensa que es tan importante/tan rico, que puede dar órdenes al jefe de meseros; y la mujer que se refiere por nombre propio a personas famosas como si algunas fueran sus amistades más íntimas. El hacer que otros se sientan inferiores haciéndoles creer que se está por encima de ellos en la escala social es mala educación; y hablar constantemente de personas a las que no se conoce, por famosas que sean, resulta aburrido.

Coqueteos inadmisibles. Observar a los demás es algo natural, pero tener los ojos fijos en otro hombre u otra mujer, es una falta de respeto para la persona a la que se ha invitado a salir.

Los que les gusta acariciar y tocar. Tanto en público como en privado, tratan a sus citas como si fueran peluches para consentir—acariciando, abrazando, apretujando y colgándose de su pareja en lugares donde esto no es bien visto. Totalmente inconscientes del espacio personal, aparentemente aquellos a quienes les gusta acariciar y tocar no aprendieron nunca la diferencia entre un agradable ademán físico y el desagradable e incesante hábito de agarrar, apretar y manosear.

Los que viven en el pasado. Su último novio era un maniático del control. Su primera esposa se fue con el hombre encargado de la piscina. Es interesante... hasta cierto punto, pero después, los incesantes recuerdos de relaciones pasadas no hablan nada bien de la persona que los cuenta. Además son aburridos, aburridos, aburridos.

Los que incumplen las promesas. Algunos trogloditas todavía terminan una cita con la promesa de llamar cuando no tienen la menor intención de hacerlo. Es una promesa tan fácil de hacer y tan dolorosa cuando se incumple.

✳

7

Asuntos de Familia

31

Comunicación Directa Sobre Planes para Dormir en Casa de los Padres

PREGUNTA: Mi hijo y su novia estudian en una universidad cercana y los hemos invitado a pasar el fin de semana de Acción de Gracias con nosotros. El problema es que han estado viviendo juntos los últimos seis meses, situación que no aprobamos. ¿Cómo manejamos el tema de acomodarlos para que duerman separados?

RESPUESTA: Los padres tienen derecho a imponer sus normas y a que éstas se respeten en su hogar. Antes de que lleguen de visita, indíquele a su hijo cómo los acomodará: "Estamos ilusionados con la idea de que vengan. Puedes quedarte en tu antiguo cuarto y Becky puede quedarse en el cuarto de huéspedes." Si él sabe que ustedes no aprueban que esté viviendo con su novia, la noticia no lo sorprenderá. De hecho, no se trata de si ustedes aceptan o no la idea de que vivan juntos cuando están en el lugar donde ellos viven; esta es su casa. Manténganse firmes. Si se entienden bien con su hijo y tienen una buena relación, probablemente aceptara las "reglas" que ustedes establezcan y no tratará de hacerlos cambiar de idea. Pero deben dejar muy en claro lo que piensan desde el comienzo—antes de que llegue con su novia y las maletas.

CONOCER A LOS SUEGROS

Ah, esos primeros momentos incómodos cuando se conoce a los suegros. ¿Debe presentarse usted o quiere que la presenten? ¿Cómo saludarlos—con un abrazo o un apretón de manos? Y ¿cómo llamarlos?

Bill y Julie van a pasar el fin de semana con los padres de ella—es la primera vez que Bill los va a conocer. La puerta se abre de par en par.

Los padres de Julie: Julie querida, ¡llegaste! ¡Que alegría verte! (*abrazos y besos para Julie*).

Julie: Papá, mamá (*siempre hay que dirigirse primero a la persona o personas más importantes al hacer una presentación. En este caso, Julie muestra respeto por sus padres hablándoles primero*) quisiera presentarles a Bill Thompson. (*Julie voltea a mirar a Bill.*) "Bill, estos son mis padres. Tim y Heather Jackson. (*Julie hizo también lo correcto al mencionar a cada uno por su nombre y apellido la primera vez.*)

Bill (*ante el gran dilema de si decirles "Tim y Heather" o "Señor y Señora Jackson"*), *hace lo correcto y usa la fórmula formal, más respetuosa*): Encantado de conocerlos, Señor y Señora Jackson. (*Bill le da la mano primero al Señor Jackson y luego a la Señora Jackson.*)

El Señor y la Señora Jackson: Bill, al fin te conocemos, Julie nos ha hablado tanto de ti. Ah, y, por favor, dinos Tim y Heather. (*Una vez que tiene permiso, es correcto que Bill se dirija a los padres de Julie por sus nombres.*)

✳

32

Páseme el Pavo y Aguante los Chistes Verdes; o Cómo Mantener una Conversación Decente Durante la Cena

PREGUNTA: ¿Hay alguna forma de evitar que el abuelo de mi esposo cuente chistes y anécdotas inadecuadas durante la cena de Acción de Gracias? Nos encanta que venga a visitarnos, pero ¡nuestro hijo de ocho años no está recibiendo el mejor ejemplo en cuanto a buenos modales!

RESPUESTA: Establezca algunas "reglas internas en su hogar" y luego comuníqueselas al abuelo de su esposo semanas antes de la reunión. Dígale: "Abuelo, estamos impacientes por verte el 26, pero tenemos que pedirte que no cuentes chistes subidos de tono durante la cena, déjalos para después, cuando no estén presentes los niños." Indíquele claramente que sus historias son ofensivas para algunos de los miembros de su familia y no son adecuadas para los menores. Pídale que se abstenga de contarlas para que la cena resulte tranquila y agradable para todos. No lo regañe ni le diga que debe cambiar; sólo enfatice que en su casa, los días festivos son para menores. Nada es totalmente seguro, de manera que, a menos que esté dispuesta a cancelarle la invitación (una medida dolorosa, que no recomendaría)—esté lista a cambiar rápidamente de tema en caso de que la conversación comience a girar hacia la categoría de temas restringidos.

GUÍA PARA SOBREVIVIR A UNA REUNIÓN DE FAMILIA

Las familias grandes suelen reunirse para los días de fiesta, los cumpleaños y las reuniones de familia—algunos que viven cerca se reúnen con más frecuencia. Evite el estrés y céntrese en la diversión siguiendo estos consejos para la supervivencia:

Distribuya las responsabilidades. Ofrezca ayuda cuando un miembro de la familia organiza una reunión. Si viven cerca, alternen los lugares para llevar a cabo el evento. Durante la fiesta, los adultos deben turnarse para supervisar a los niños.

Adáptese a distintos estilos de atención. A su cuñada le gusta prepararlo todo ella misma, usted prefiere un almuerzo o una cena de contribución y el tío Jim insiste en que todos salgan a comer. Aproveche la variedad.

No traiga los problemas familiares a la fiesta. No es el momento de quejarse. La conversación negativa referente a alguien que no esté presente probablemente le llegará a esa persona y herirá sus sentimientos. Absténgase de hacer comentarios desagradables a los anfitriones.

Disfrute los relatos de quienes conocen historias de la familia. Siempre que estas historias no hagan quedar mal a alguien, las historias del pasado (aún si se han oído varias veces) son la forma como las generaciones más jóvenes y los nuevos miembros políticos de la familia se enteran de los antecedentes familiares.

Acepte los comentarios de los demás. Sea tolerante ante las idiosincrasias inofensivas.

33

Maratón de Visitas en Días de Fiesta

PREGUNTA: Mi esposo y yo nos casamos en julio y tanto sus padres como los míos nos han invitado a pasar las fiestas con ellos. Nos encantaría verlos a todos, pero vivimos a cientos de millas de distancia. Visitar las dos familias significaría pasar casi todo el día festivo en la carretera o en un aeropuerto.

RESPUESTA: Hoy, cuando tantas familias se encuentran separadas por grandes distancias, éste es un dilema común. Usted y su esposo deberán decidir lo que desean hacer. Pueden turnarse para visitar una familia esta Navidad y a la otra el año entrante. Decídanlo a la suerte, a cara y sello, para evitar cualquier indicio de favoritismo. (Hay parejas que alternan las visitas a sus familias año tras año e incluyen también la fiesta de Acción de Gracias en la mezcla: este año la Navidad será con la familia de él y la fiesta de Acción de Gracias con la de ella. El año entrante será al contrario. Así, todos los años estarán donde ambas familias para las fiestas). Otra opción es invitar tanto a los padres de ella como a los de él a pasar Navidad con ustedes, aunque una reunión con muchas personas que vengan de otras ciudades presenta sus propios problemas. Otra alternativa sería pasar la primera Navidad solos y visitar a sus familias en épocas menos agitadas. Es poco probable que cualquiera de las dos parejas de suegros desee que sus fiestas sean una prueba de resistencia; por lo tanto, si explican calmadamente la situación y lo que sienten, probablemente los entenderán. Si deciden no viajar, llamen a sus padres en Navidad en un momento en el que tengan tiempo de hablar sin prisa.

QUEDARSE DONDE LOS PARIENTES

Cuando vaya a quedarse con sus parientes, siga estas normas básicas de etiqueta. Trate a sus parientes/anfitriones con el mismo respeto y consideración con que trataría a sus amigos.

Fije fechas convenientes para las visitas. Las invitaciones para visitar a la familia suelen ser informales; sin embargo, es importante considerar las obligaciones, los planes y la disponibilidad del tiempo de sus parientes. Consúlteles con suficiente anticipación cuáles son sus planes.

Evite las sorpresas. No debe caer de sorpresa a pasar un fin de semana. Deje sus mascotas en casa o en un albergue, a menos que sus anfitriones insistan en que las traiga.

Considere las capacidades de la familia para recibirlo. Si hace poco que la Tía Maggie vendió su casa de cinco habitaciones y se pasó a un pequeño condominio, es poco probable que tenga espacio para alojarlos a ustedes y a sus hijos. Lo mejor y más conveniente sería conseguir alojamiento en un hotel o en un hostal cercano.

Fije las fechas y las horas de llegada y salida. Evite los itinerarios vagos como: "Estaremos llegando el jueves o el viernes, o a más tardar el sábado." Si no puede dar una hora fija de llegada, pase la noche en un motel en lugar de llegar a donde un familiar a las tres de la mañana.

Sea amable. Una nota de agradecimiento y un regalo para sus familiares anfitriones será siempre un detalle que agradecerán. Si suele quedarse donde sus parientes con frecuencia, no es necesario enviarles notas y regalos cada vez, aunque sí hay que decir: "Gracias."

Ayude y no deje desorden. Ofrézcase a ayudar y colabore con el oficio diario. Mantenga las cosas en orden.

Prepare también a sus hijos para la visita. Indíqueles qué espera de ellos mientras estén visitando a sus parientes. Déles un ejemplo; cuando vean que usted recoge sus pertenencias y que mantiene limpia la cocina, probablemente harán lo mismo—aunque tenga que recordárselo. Insista en el aspecto del respeto a la propiedad y la privacidad de los demás.

Ponga fin a la visita en la fecha prevista. Si debe demorar su partida, asegúrese de que sus anfitriones no tengan objeción. Si prolongar por mucho tiempo su estancia puede ser causa de problemas, haga los arreglos necesarios para trasladarse a otro lugar.

✳

34

Demasiado de lo Bueno

PREGUNTA: En las navidades pasadas, tanto los padres de mi esposo como los míos le dieron a nuestro hijo de cinco años una avalancha de regalos. Este año, mi esposo y yo quisiéramos moderar esta situación y reducir la importancia de los regalos materiales durante la Navidad. ¿Cómo podemos convencer a nuestros padres de que no exageren los regalos?

RESPUESTA: Comience por verlo desde el punto de vista de ellos. Para los abuelos, el gran placer de regalar es ver cómo se iluminan los ojos de los niños ante la emoción de un regalo. Además, es posible que disfruten la oportunidad de ser más generosos de lo que pudieron serlo cuando sus hijos eran pequeños. Con esto en claro, usted y su esposo podrían decir a sus respectivos padres que les gustaría simplificar las fiestas y enseñarle a su hijo a fijarse no sólo en los regalos sino en las personas importantes en su vida (incluyendo a sus abuelos). Díganles que ustedes también les darán menos regalos y que esperan que ellos hagan lo mismo. Sin embargo, estén preparados para que su solicitud sea ignorada. Es posible que sus padres piensen que, aunque ustedes tienen derecho a adoptar otro enfoque, ellos también pueden hacer lo que quieran. Como otra forma de darle menos importancia a lo material, pídanles que le den a su hijo el regalo de su tiempo (hacer galletas con él, hacer un muñeco de nieve, ir a un concierto de Navidad en la localidad), además de sus regalos.

¿QUÉ HAY EN EL NOMBRE (DE UN ABUELO)?

Abuelo, abue, papá abuelo, abuelita, mamá abuela—hay una interminable variedad de apodos para los abuelos. La única "regla" es que el nombre que reciba el abuelo o la abuela ¡sea uno con el cual pueda vivir el resto de su vida!

Una vez que su primer nieto nazca, los nuevos padres comienzan a dirigirse a sus propios padres como se dirigían a sus abuelos—como "Nana" y "Abue," por ejemplo. A veces va evolucionando un nuevo nombre a medida que el niño comienza a hablar y bautiza a sus abuelos con sus propias palabras: se pueden incluir "Lelo" o "Lela" o algo igualmente único.

Si todos se sienten satisfechos con el apodo del abuelo, debe seguirse usando. Pero los abuelos que no estén contentos con el apodo deben dejar en claro sus preferencias. Deben explicarles a los nuevos padres que se sienten incómodos con los nombres o títulos que les han sido asignados. Hay que indicarle a la familia cuáles serían las diferencias y pedir que ayuden a establecer ese nombre con el nieto o el nieto adoptivo.

Al elegir un nombre o un título, hay que tener en cuenta las consecuencias a largo plazo. Es probable que el nombre sea adoptado por toda la familia, de manera que, si no les gusta, deben decirlo antes de que se convierta en algo permanente.

✳

35

Problemas con la Suegra

PREGUNTA: Mi suegra siempre tiene consejos y críticas para mí. Si mi niño de tres años presenta una infección del oído, me recuerda siempre el día que lo llevé al parque sin sombrero. Compara mi forma de cocinar con la suya—nunca salgo ganando en esa comparación, claro está. A veces me siento tentada a decirle unas cuantas verdades, pero no quiero iniciar una pelea de familia.

RESPUESTA: Responderle a su suegra sólo empeorará la situación. Cualquier respuesta a su forma desagradable de actuar será recibida como crítica y dañará aún más la relación. Las críticas y comentarios negativos no producirán un cambio en su comportamiento—de hecho, la idea de que la está contrariando, podría alentar su tendencia a encontrar aún más defectos en usted. En lugar de imitar sus malos modales, adopte la actitud contraria y trátela con toda la amabilidad de la que sea capaz. Cuando haga algún comentario desagradable, agradézcale su consejo y cambie de tema. Anime a su esposo a que se una a las ponderaciones sobre la forma como cocina su madre, o sobre cualquier otro aspecto de su comportamiento—en momentos en los que ella esté cerca y pueda escucharlo. Cuando su suegra se de cuenta de que ninguno se altera por sus comentarios negativos, es posible que abandone el hábito. Si usted sigue comportándose con amabilidad y ánimo positivo, lo más probable es que se sienta incómoda y se abstenga de expresar cualquier crítica que se le venga a la mente.

CÓMO *NO* TRATAR A LA FAMILIA

Se dice que los familiares son aquellos que tienen que recibirnos cuando nadie más está dispuesto a hacerlo. El hecho de que siempre estén allí para ayudarnos es un motivo para que los tratemos con amor y aprecio; desafortunadamente, a veces, esto es algo que damos por hecho y no los tenemos en cuenta o los tratamos mal. Los siguientes son algunos de los crímenes más comunes que se cometen contra la familia:

Aprovecharse injustamente. Llegar sin avisar, tratar a los familiares como si fueran centros de atención diurna, pedirles dinero prestado sin límites, pedirles el automóvil y otras posesiones valiosas y luego "olvidar" devolverlas.

Denigrarlos. Criticarlos cara a cara o a sus espaldas.

Contar chismes relacionados con ellos. Contar historias personales acerca de ellos o comunicar información privada.

Hacerles perder el tiempo. Dejar de comunicarles los planes para ir a visitarlos o llegar siempre tarde.

Hablar de negocios. Tomar las reuniones familiares como ocasiones para hacer negocios o esperar que los parientes nos den asesoría profesional, servicios o bienes gratis.

No ayudar para nada. No ofrecerse a ayudar en las reuniones de familia o, en caso de ser el anfitrión, hacer el papel de mártir negándose a aceptar ayuda.

Adoptar un comportamiento aburrido. Tener malos modales en la mesa, interrumpir, acaparar la conversación y otras conductas que nadie se atrevería a tener con extraños.

Dejar que los niños hagan lo que quieran. No disciplinar a los niños y dejarlos que incumplan las reglas de la casa de los parientes; dejar que los niños se burlen o se aprovechen de los hijos de los parientes, hacer alardes desvergonzados.

Alardear descaradamente. Fanfarronear excesivamente sobre los propios hijos o lo que uno hace o es. Comparar frecuentemente los distintos miembros de la familia—en cualquier forma siempre desfavorable—es otra cosa que debe evitarse a toda costa.

Traer niños a reuniones de adultos. Insistir que se invite a los niños a reuniones de familia en las que sólo habrá adultos.

✳

36

Dividido Entre Padres Divorciados

PREGUNTA: Mis padres están divorciados y no se hablan. Es incómodo cuando se encuentran en los mismos eventos sociales, pero no quiero excluirlos de las reuniones familiares como los días de fiesta y los cumpleaños de mis hijos. Cuando cada cual nos invita a su casa para la misma celebración, ¿cómo podemos evitar el dilema de elegir entre uno y otro sin herir sus sentimientos? También tenemos que tener en cuenta a los padres de mi esposo.

RESPUESTA: Su sensibilidad es admirable, pero su prioridad es su propia familia y crear una tradición propia para las fiestas. No convierta la relación hostil de sus padres en su problema. Sea sincera con cada uno de ellos y dígales que quiere que las ocasiones especiales de la familia sean momentos tranquilos y alegres para sus hijos. Esto significa que no puede pasar la Navidad yendo de la casa de un padre a la del otro y luego a la de sus suegros. Considere turnar la celebración de la fecha real de un evento con un padre y luego tener una celebración otro día con el otro padre. No permita que sus padres la coloquen entre los dos. Recuérdeles que los quiere a ambos pero insista en que los hijos tienen que poder pasar tiempo con todos sus abuelos en un ambiente tranquilo. Por otra parte, suponiendo que sus padres sean personas solitarias, pregúntele a sus suegros si podrían invitar a su madre o a su padre a una de las celebraciones festivas en su casa.

Para esos eventos exclusivos que no pueden duplicarse (como los bautizos, los grados, los recitales y las bodas), pida a sus padres que, por el bien de los nietos, olviden sus diferencias por un día para que ninguno de los dos se pierda la fiesta.

"NOS VAMOS A DIVORCIAR": LO QUE NO SE DEBE DECIR

- "¡Con razón estás tan angustiada!"
- "¿Tenía ella un amante?"
- "Espero que le saques hasta el último centavo."
- "Me dan lástima los niños. Va a ser muy difícil para ellos."
- "Me imagino que vas a vender la casa."
- "Siempre pensé que era un cretino."
- "Me sorprende que tu matrimonio haya durado tanto."

La gama de preguntas y comentarios de esta índole va desde los presuntuosos hasta los definitivamente crueles. Aunque, ante este tipo de noticia, no hay una respuesta que se adapte a todos los casos, procure responder con algo que muestre su preocupación sin ninguna intención de entrometerse, como: "Gracias por contarme, espero que todo salga bien."

¿Cómo debe responder una persona divorciada o separada a estos comentarios? Con mucha presencia de ánimo. Sin ser cortante, puede ignorar o desactivar la explosividad del comentario o la pregunta ("Es para el bien de todos" o "Realmente no me gusta hablar al respecto") y cambiar de inmediato el tema.

✳

8

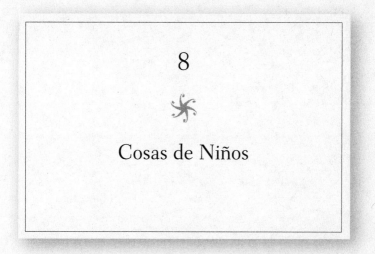

Cosas de Niños

37

Tratarse por el Nombre de Pila

PREGUNTA: Donde vivimos, los adultos animan a los niños a que los llamen por su nombre de pila, pero tanto a mi esposo como a mí nos enseñaron, desde pequeños, a dirigirnos a los adultos como "Señor" o "Señora" ¿Debemos permitir que nuestros hijos sigan la tendencia actual o debemos insistir en lo que para nosotros es lo correcto?

RESPUESTA: Está muy bien que los niños se refieran a los adultos por sus nombres de pila, siempre que estos últimos indiquen que así lo prefieren y que los padres de los niños lo aprueben. Puesto que esta forma de trato informal se está haciendo cada vez más común en muchos lugares, puede ser difícil para los padres ir contra la corriente—pero no hay nada de malo en hacerlo. De hecho es mucho más respetuoso que los niños empiecen a dirigirse a los adultos por sus títulos (Señorita, Señora, Señor, Doctor) seguidos de sus apellidos, hasta que los adultos indiquen que desean otro tipo de trato. En ese caso, depende de los padres permitir o no la excepción; la mayoría permite que sus hijos cumplan esa solicitud en cuanto a su situación específica, si realmente le resulta incómodo permitir que sus niños hagan excepciones según lo soliciten los adultos, puede considerar un punto medio. Puede aceptar que el nombre de pila está bien para los amigos íntimos. O puede permitir que sus hijos usen los títulos ("Señora," "Doctor," "Señor") con los nombres de pila, como "Señorita June" y "Señor Bill." Al hablar con sus hijos, refiérase a los adultos en la forma que quieren que ellos los traten ("El Señor y la Señora Todd vendrán de visita" o "La Señora Cindy tiene un perro"). Puesto que, donde ustedes viven, utilizar títulos no es la norma, probablemente tendrán que recordar con frecuencia a los niños que no usen los nombres de pila cuando les presenten a un adulto por primera vez.

ENSEÑAR A LOS NIÑOS A CONOCER Y SALUDAR A LAS OTRAS PERSONAS

La dramatización y la práctica ayudarán a que los niños aprendan la forma de conocer y saludar, tanto a los adultos como a otros niños, con más naturalidad. Ya desde los cinco años, los niños pueden aprender las siguientes indicaciones:

1. SI ESTÁS SENTADO, PONTE DE PIE.

2. ¡SONRÍE!

3. MIRA A LA PERSONA A LOS OJOS.

4. AVANZA UN PASO HACIA LA PERSONA PARA DARLE LA MANO— SOBRE TODO SI SE TRATA DE ALGUIEN QUE VEZ POR PRIMERA VEZ.

5. LLÁMALA POR SU NOMBRE AL SALUDARLA: "HOLA SEÑOR BLOOM, ME AGRADA VOLVERLO A VER."

6. A MENOS QUE SE TRATE DE UN RÁPIDO "HOLA," DEBES ESTAR LISTO A RESPONDER EN FORMA AMABLE EL SALUDO DE LA PERSONA ADULTA COMO "¡ESTOY MUY BIEN, GRACIAS!" O DECIR ALGÚN COMENTARIO

QUE SE TE OCURRA, COMO "¿CÓMO ESTÁ?," O "ESTÁ BUENA LA FIESTA ¿NO ES CIERTO?"

7. CUANDO OTRA PERSONA TE DIGA "HOLA," NO DEJES DE RESPONDERLE TAMBIÉN, "HOLA."

Cuando las Invitaciones a Jugar Se Convierten en Invitaciones a Pelear

PREGUNTA: Mi hija de tres años ha empezado a invitar amigos a jugar ¿Qué debo hacer si un niño le pega o le quita un juguete? No quisiera tener que disciplinar al hijo de otra persona pero no quiero que traten mal a mi niña.

RESPUESTA: Los niños de tres años empiezan apenas a aprender a jugar y a compartir unos con otros sin pelear. Sin embargo, antes de que su hija invite a una amiga, hable con los otros padres sobre la disciplina para saber qué hacer si se presenta un problema. Puede decir: "Es una de las primeras veces que Patricia invita a alguien a jugar. ¿Cómo puedo manejar la situación si empiezan a comportarse mal? Cuando Patricia se descontrola, la llevo a otra habitación y la dejo allí unos minutos para que se calme." Si las niñas empiezan a pelear por un juguete, procure distraerlas con otro juguete o con una actividad diferente. Si una niña es brusca con su niña, no dude en intervenir, diga: "¡Jenna! ¡No hagas eso!" y muy suavemente llévesela. Más tarde, con mucha tranquilidad, cuéntele a la madre de la otra niña lo que ocurrió y deje que ella la corrija. Si las niñas se reúnen una vez más y la amiguita de su hija sigue siendo demasiado brusca, puede descontinuar las invitaciones a jugar hasta que la niña esté un poco más grande (y, ojala ¡más calmada!).

LA ETIQUETA EN LA INVITACIÓN A JUGAR

Las invitaciones a jugar son una gran oportunidad para que los niños aprendan a socializar y, lo que es más importante, pueden resultar muy divertidas. También pueden ser muy convenientes. Cuando los niños se sientan cómodos en las casas de sus amigos, una de las madres o uno de los padres puede cuidar de los niños mientras que la otra o el otro pueden disfrutar de una o dos horas de tiempo libre, muy necesarias. Los padres encargados de los niños deben establecer las reglas de antemano.

Fije con claridad la hora a la que empieza y termina la invitación y cumpla este horario. Recoja siempre a tiempo a su hijo. Si debe llegar temprano, recogerlo más tarde o cancelar la invitación, infórmeselo al otro padre lo antes posible.

Sea muy claro en cuanto a si la otra madre o el otro padre debe quedarse con los niños. Es conveniente que, cuando los niños se reúnan por primera vez, cada niño esté con uno de sus padres mientras dure la visita. Así, el invitado podrá acostumbrarse a estar en otro entorno con otras personas. A medida que se va estableciendo una amistad, una de las madres podrá quedarse más tiempo. Si usted vive a una distancia considerable, tal vez convenga que la otra madre se quede durante el tiempo que dure la invitación, por lo que uno de los padres del anfitrión debe estar preparado para recibirla el tiempo que dure la invitación. Todos estos detalles deben convenirse de antemano.

Infórmese acerca de aspectos relacionados con los alimentos, la salud, etc. ¿Qué alimentos son aceptables como refrigerio? ¿Tiene alguna alergia su pequeño invitado? Infórmele a la otra madre o al otro padre si usted tiene una mascota, los niños pueden ser alérgicos a algunos animales, o tenerles miedo, y tal vez Fluffy tenga que permanecer fuera de la casa, o en una jaula. Si su hija recibe algún medicamento o tiene necesidades especiales de salud, no espere que los otros padres hagan las veces de enfermeros.

No deje nunca a su hijo con alguien que no esté capacitado o dispuesto a hacerse cargo de la responsabilidad de cuidarlo. Si su hijo está enfermo, con o sin fiebre, cancele la invitación tan pronto como le sea posible.

Cuando su hijo esté invitado a otra casa, asegúrese de llevar todos los elementos que éste requiera. Esto incluye pañales, toallitas húmedas, gorros, mitones y botas.

Asegúrese de tener a mano una abundante variedad de juguetes y actividades con las que puedan entretenerse sus invitados. Debido a que los niños pequeños no saben jugar muy bien unos con otros, prepárese para mantenerlos entretenidos por separado. Los niños mayores pueden ser muy posesivos; un cajón de juguetes bien provisto puede evitar muchas batallas. Si usted es la anfitriona y su hijo tiene un juguete que realmente le gusta mucho, guárdelo antes de que llegue el otro niño.

Mantenga un ambiente informal. Una invitación a jugar es una oportunidad de socialización para los pequeños, no una ocasión para que los padres den una fiesta. Está bien ser amable con el otro padre, pero el centro de atención deben ser los niños.

Deje que los niños establezcan el ritmo de sus juegos. En la primera invitación, es posible que los pequeños no hagan nada más que permanecer aferrados a sus madres o que lloren diciendo que quieren irse. Pueden necesitarse varias invitaciones antes de que se sientan a gusto. Busque actividades como leerles cuentos o jugar con ellos con cubos y fichas para armar distintos objetos, de modo que ambos niños puedan participar. El que compartan con usted una actividad es una buena forma de introducirlos a la mecánica de compartir con otros de su misma edad.

Prepare a los niños mayores. Si hay niños mayores en la casa, dígales que su hermanita tendrá una invitada y sea muy claro acerca de lo que sus otros hijos deben hacer durante esta visita. Un niño de cuatro años o más normalmente puede jugar muy bien con los más pequeños, pero no espere que el mayor haga las veces de niñera. Aún si hay un hermano mayor presente, nunca deje a los pequeños sin la supervisión de un adulto.

Devuelva la atención. La mejor forma de agradecer la invitación de un padre, o de la persona encargada de cuidar a la niña que recibe a su hija como invitada a jugar, es devolver la atención con una invitación similar para un día y una hora convenientes para la persona encargada de cuidar a la otra niña.

39

Cuando los Hermanos de los Invitados Llegan También a la Fiesta

PREGUNTA: Hace poco di una fiesta de cumpleaños para mi niña de cuatro años en un gimnasio local. Para mi sorpresa, varios padres vinieron con sus otros hijos, además del que estaba invitado y tuve que pagar dinero adicional por ellos. ¿Cómo evitar que esto vuelva a suceder?

RESPUESTA: Simplemente incluya en las invitaciones una nota que diga: "Sin los hermanitos, por favor." Otra posibilidad es preguntar al administrador del gimnasio si tiene algún tipo de arreglo disponible para los hermanos de los invitados. Por ejemplo, si el gimnasio está abierto al público, los hermanos de los invitados pueden utilizar las instalaciones si pagan el valor de la entrada pero no estaría con el grupo de invitados que recibirán pizza y torta de cumpleaños. Cuando los padres llamen a confirmar la asistencia de sus hijos a la fiesta de cumpleaños, infórmeles las políticas del gimnasio. Dígales: "Si tiene que traer a Megan, pueden hacerlo, pero tendrán que pagar su admisión y vigilarla porque no permiten la entrada de los hermanos al salón donde se celebrará el cumpleaños." Esto no es una advertencia de mal gusto, por el contrario, demuestra consideración hacia los padres que deben saber de antemano qué esperar.

¡HAY FIESTA! CÓMO MANTENER LAS FIESTAS
INFANTILES BAJO CONTROL

En la edad preescolar se inicia la época dorada de las fiestas—fiestas de cumpleaños, fiestas escolares, celebraciones de días festivos—y es de esperarse que comience también la época de los buenos modales. El buen comportamiento en las reuniones sociales de los niños en edad preescolar pueden parecer algo muy extraño, pero es importante que los niños empiecen a aprender a comportarse con educación ya que son muy pequeños e impresionables. Al comienzo, usted puede guiar a su niño en los aspectos básicos de la cortesía. Aunque usted no vaya a permanecer en la fiesta, debe acompañarlo hasta la puerta y quedarse allí hasta que saluden a los anfitriones. Cuando llegue a recogerlo, no permita que se vaya sin decir "Adiós" y "Gracias por la invitación." Las siguientes son algunas sugerencias para fomentar los buenos modales en las fiestas de preescolares cuando usted y su niño son los anfitriones:

Limite la lista de niños invitados a un número razonable. La recomendación general es un invitado por cada año que tenga su hijo más uno.

No reparta invitaciones en la guardería ni en el preescolar, a menos que vaya a invitar a todos los niños de la institución. Evite que alguno se sienta ofendido y envíe las invitaciones por correo o hágalas directamente llamando a los padres de los niños por teléfono. Cuente con la ayuda de suficientes personas adultas. Aunque ya estén próximos a cumplir seis años, los niños en edad preescolar necesitan mucha supervisión, aunque sea una vigilancia de la que ellos no estén conscientes.

Acostumbre a su hijo a ser buen anfitrión y a saludar a sus invitados. Además deben aprender a decir "Gracias" por los regalos y "Adiós" a todos y cada uno.

Programe las actividades. Los niños en edad preescolar disfrutan con los juegos y los proyectos creativos. Asegúrese de tener preparados muchos proyectos diferentes, por si acaso. Asegúrese de que los juegos que organice los dejen a todos con la sensación de haber ganado. Además, sea flexible—los niños necesitan cierto margen de acción para jugar según sus propias iniciativas. Por lo general, dará muy buen resultado alternar períodos de actividades programadas con períodos de juegos libres.

Cuándo Corregir a los Hijos de Otros

PREGUNTA: ¿Qué debo hacer cuando un niño se comporta mal o es brusco y sus padres no están presentes?

RESPUESTA: Si conoce bien al niño, es correcto darle una explicación o hacerle una corrección sencilla, sin hacerlo sentir mal ni criticar a sus padres. Está bien si le dice: "Kyle, no digas esas palabras en esta casa." Si se trata de su nieta y usted está sola con ella, puede decirle: "Rebecca, es mucho más agradable si comes con la boca cerrada." No hay necesidad de comentar con los padres el comportamiento del niño a menos que sea un comportamiento especialmente indebido o extraño. Si los padres del niño están presentes y no dicen nada ante un mal comportamiento de su hijo, es mejor abstenerse de hacer cualquier comentario. Si considera que tiene la obligación de decir algo, dígalo con amabilidad: "El tono en el que me estás hablando no suena bien. ¿Podrías decírmelo de otra forma?" Debe servirle de modelo y utilizar los modales que desea que el niño use.

"EN NUESTRA CASA HACEMOS LAS COSAS ASÍ..."

Su hijo es muy bien educado, pero cuando usted invita amigos de su hijo a su casa se ve obligada a soportar un comportamiento que compite con el del reino animal. ¿Tiene que soportarlo? De ninguna manera. No debe adquirir fama de "mamá perversa," pero puede establecer normas para lo que considera un comportamiento aceptable en su casa.

LOS MODALES EN LA MESA

Los amigos de su hijo prefieren comer con la mano, no con el tenedor. ¿Debe obligarlos a utilizar los cubiertos, o debe quedarse tranquila?

- No critique su forma de comer.
- Diga: "En nuestra casa, el pollo se come con el 'tenedor.' ¿Quieres, por favor, utilizar el tenedor, también? ¡Gracias!"
- No intente enseñar buenos modales a sus pequeños invitados— esa es responsabilidad de sus padres—pero tiene derecho a establecer las normas de comportamiento que espera que se cumplan en su casa, ya se trate de utilizar los cubiertos o de elegir películas no aptas para niños.

LOS MODALES EN GENERAL

Las mismas normas se aplican a otros comportamientos de los niños:

- Recoger los juguetes
- La forma de tratar los muebles, los juguetes y demás objetos, sin dañarlos
- Cumplir las restricciones
- No decir malas palabras

En todos los casos, la madre o el padre que están a cargo deben decir: "En nuestra casa... "

✳

41

Cuándo Responder—o no Responder—a los Comentarios Impertinentes sobre la Adopción

PREGUNTA: Adoptamos a nuestra única hija hace tres años, cuando tenía un año. Es de otra raza y me sorprenden los comentarios impertinentes de la gente. Hace poco, nos encontramos con una amiga que no veíamos hace mucho tiempo y me preguntó: "¿De quién es?" Cuando le respondí que era mi hija, me preguntó: ¿Tienes hijos propios? Procuro no disgustarme, pero mi hija ya es lo suficientemente grande como para entender lo que dicen los demás y me preocupan sus sentimientos.

RESPUESTA: Es evidente que su amiga habló sin pensar y es poco lo que puede hacer, excepto controlar su temperamento y responder con algo amable (como "No, no tenemos más niños. Julia es hija única y nuestro mayor orgullo"). Los sentimientos de su hija son su principal preocupación. No la puede proteger de las personas imprudentes, pero usted y su esposo pueden ser buenos modelos de conducta para enseñarle a responder, en vista de la ignorancia y la falta de sentido común de los demás.

Tal vez pueda impedir la mayor parte de los comentarios insensibles si comienza por presentar a su hija tan pronto como se encuentre con alguien que no conozca bien a su familia: "Quiero presentarte a mi hija Julia." Si alguien insiste en hacer preguntas o comentarios indebidos, cambie de tema. Si eso no da resultado, tal vez deba explicar que temas como el origen étnico de su hija y la razón por la cual se decidieron por la adopción internacional son asuntos personales que no están abiertos a discusión.

LA ETIQUETA DE LA ADOPCIÓN

Los hijos adoptados tienen exactamente la misma categoría que los hijos biológicos y siempre deben tratarse como tales. Las siguientes indicaciones, tomadas de familias adoptivas, pueden servir de guía para parientes, amigos y conocidos.

Espere a que sean los padres o la niña misma, quienes hablen de su historia de adopción. Así como sería rudo preguntar acerca de la concepción y el nacimiento de un hijo biológico, es mala educación hacer preguntas acerca de los detalles de una adopción individual (por ejemplo, si los padres adoptivos estuvieron presentes en el nacimiento de un hijo). La decisión de compartir o no la información es de los padres o de la niña—de nadie más.

No pregunte acerca de los padres biológicos de un hijo adoptivo. Esto es privado y no debe ser mencionado por terceros. Si los padres adoptivos hablan del tema, está bien tratarlo, pero siempre cuidando de utilizar los términos correctos. Es correcto utilizar términos como *padres biológicos* o *padres genéticos*, pero debe utilizarse el término que la familia prefiera según lo utilicen en la conversación. Es necesario asegurarse de evitar frases como *"padres verdaderos"* lo que implicaría que los adoptivos no son los verdaderos.

Los padres adoptivos no son santos. Los padres adoptivos desean hijos por la misma razón que los padres biológicos. Cuando otros sugieren que los padres adoptivos son excepcionalmente generosos, que de alguna forma, han "salvado" a un niño, este comentario puede constituir una carga especialmente pesada para los padres y puede crear un sentimiento de culpa en el niño adoptado.

El proceso de adopción puede ser decepcionante. Se deben respetar los sentimientos de los padres adoptivos cuando se enfrentan a las tensiones involucradas en la adopción de un hijo. A menos que se haya experimentado el proceso personalmente, será mejor abstenerse de dar consejos o de criticar el sistema. Si la adopción fracasa, los padres tendrán que pasar por un período de duelo. Comentarios como "Pueden intentarlo de nuevo" restan importancia a su pérdida. En cambio, debe reconocerse el duelo por el que pasan los padres adoptivos brindándoles apoyo.

42

Niños Inquietos en los Restaurantes

PREGUNTA: Mi hija tiene siete años, y, en casa, sus modales en la mesa son buenos, pero cuando salimos a comer a un restaurante o a la casa de algún familiar, cambia por completo. No se está quieta en su puesto, habla demasiado duro, hace ruido al tragar la comida. Tengo que corregirla constantemente, y esto es molesto para los demás ¿Debemos dejar de salir hasta que sea mayor?

RESPUESTA: No. su hija debe tener la experiencia de salir a comer fuera de casa para aprender a comportarse bien. Como la mayoría de los niños de siete años, todavía tiene problemas para controlarse; es probable que su comportamiento refleje su nerviosismo e intranquilidad por encontrarse en un entorno diferente. Además, para los niños de su edad es difícil permanecer quietos en un mismo sitio por mucho tiempo; por lo tanto, procuren que sus salidas a comer sean lo más cortas posible. A modo de "práctica" podrían llevarla a comer a restaurantes o lugares de ambiente familiar—con ustedes o con miembros de la familia. La conversación y las instrucciones deben girar en torno al comportamiento que se debe tener en los restaurantes, sin hacerla sentir incómoda. Dado que los niños se cohíben fácilmente, deben tener cuidado al corregirla frente a otros porque eso sólo aumentará su nerviosismo. Intenten establecer algunas señas no verbales que le permitan saber que su comportamiento no es correcto.

Por ejemplo, pónganse el dedo índice frente a la boca para indicarle que debe permanecer callada. Cuando regresen, hablen con ella acerca de su comportamiento. Reconozcan lo que estuvo bien y lo que estuvo mal. Antes de volver a salir a un restaurante, díganle que esperan que se comporte con sus mejores modales "caseros."

SALIR A COMER CON LOS NIÑOS: UNA GUÍA PARA LA SUPERVIVENCIA

Programe la salida de antemano. Antes de salir a comer a un restaurante, prepare a su hijo. Dígale que le presentarán un menú, que el mesero tomará su pedido y que todos permanecerán sentados hasta que termine la cena. Elija un lugar donde el servicio sea razonablemente rápido. Cuando llame a hacer reservaciones, o antes de que los acomoden en su mesa, adviértale a la encargada o al gerente del restaurante que viene con niños y que le gustaría que los acomodaran en algún lugar cerca de otras familias o lejos de las parejas que buscan tranquilidad.

Lleve juguetes que no hagan ruido. Debido a que la mayoría de los pequeños no están habituados a permanecer sentados y esperar a que les traigan la comida, lleve lápices de colores y libros para colorear u otros juguetes que no hagan ruido (¡y que no tengan muchas piezas!) para mantener ocupado al niño. Asegúrese de recoger todos los juguetes cuando llegue la comida.

Haga el pedido de inmediato. No demore en ordenar lo que van a comer. Para mayor eficiencia, escoja también lo que pedirá para su hijo de cinco años o menos. Asegúrese de que el niño sepa lo que quiere antes de que el mesero comience a tomar el pedido.

Haga una pausa. Si el pequeño está inquieto o hace ruido, sáquelo por unos momentos fuera del área del comedor. Llévelo a los alrededores, tratando de que no perturbe a los demás clientes del restaurante ni al personal.

Permanezca sentado. Recuerde al niño que debe permanecer en su asiento. Si los niños corren por donde van los meseros llevando bandejas pesadas y platos, corren el riesgo de hacerse daño y hacerles daño a los demás.

Limpie los derrames. Si su hijo derrama la bebida o la comida, ayude, en la medida de lo posible, a limpiar el derrame. Entre menos involucre al mesero y al ayudante del restaurante en este proceso, menos retardará el servicio para los otros clientes. Debido a que el derrame hará que el personal del restaurante se demore más de lo normal en limpiar la mesa, no olvide dar las gracias al mesero y demostrarle su agradecimiento con una buena propina.

Tenga en cuenta a las demás personas que se encuentran en el restaurante. Si el niño comienza a importunar a otros clientes, por ejemplo, dando patadas a la división de un cubículo, no demore en resolver esta situación. Si el cliente se queja antes de que usted haya resuelto el problema, discúlpese y asegúrele que no volverá a ocurrir y evite que ese comportamiento se repita.

Sepa cuando ha llegado la hora de irse. Los niños no están diseñados para permanecer sentados, quietos, por largo tiempo. No es lógico esperar que lo hagan. A menos que el servicio del restaurante sea extremadamente rápido, omita el postre y el café.

✻

Vestimenta Descuidada

PREGUNTA: Siempre que nos reunimos con la familia, nuestro hijo de quince años insiste en usar su uniforme de siempre, unos jeans destrozados y una camiseta. Estoy cansada de insistirle en que se vista de forma más presentable, pero me dice que no es su estilo, que lo deje en paz.

RESPUESTA: La forma de vestir es el modo como los adolescentes expresan normalmente su independencia. Es contraproducente darle importancia, sobre todo cuando se trata de una reunión de familia, puesto que estas ocasiones pueden ponerlos de mal humor. (No es raro que los adolescentes renieguen de tener que asistir a reuniones familiares, dado que, por lo general, prefieren estar con sus amigos). Debe dejar el tema de su forma de vestir para otro momento cuando las circunstancias sean más tranquilas. Demuéstrele su agradecimiento por aceptar asistir a la reunión familiar y recuérdele que, por lo general, usted nunca interfiere con sus preferencias en cuanto a la forma de vestir. Preste atención a sus ideas y procure llegar a un acuerdo que sea aceptable para usted. Tal vez esté bien que use jeans, pero unos "que no tengan agujeros en las rodillas." Tal vez esté dispuesto a elegir ropa más adecuada para esas ocasiones familiares cuando se dé cuenta de que usted respeta sus gustos y su independencia y que está dispuesta a encontrar una solución satisfactoria para los dos.

PONERSE DE ACUERDO EN ESTAR EN DESACUERDO
CON SU ADOLESCENTE

El ejemplo es la mejor forma de ayudar a los jóvenes a aprender cómo estar en desacuerdo dentro de términos respetuosos. Si trata a su hijo adolescente siempre con respeto, es posible que no obtenga recompensas inmediatas, pero él tendrá un modelo para saber cómo interactuar con usted y con los demás. Cuando los resultados tardan en verse, recuerde que enseñar una lección difícil toma tiempo. Puede ayudar a su adolescente, a estar en desacuerdo en buenos términos, demostrándole las siguientes destrezas.

Autocontrol. No es posible sacar nada positivo de una discusión si uno o más de los que participan en ella pierden el control. Cuando un adolescente está furioso o se niega a hablar, deje el problema para después. Indíquele que lo tratarán más tarde, cuando ambos estén en ánimo de escuchar. No olvide volver a mencionar el tema y procure adoptar un punto de partida nuevo. Discúlpese si fue usted, como madre, o como padre, quien perdió el control.

Saber escuchar. Aprender a escuchar con atención es la clave del arte de estar en desacuerdo. La persona que sabe escuchar no interrumpe y, con expresiones verbales y gestuales que indican lo que siente, demuestra que acepta lo que su interlocutor le está diciendo. Es más probable que su adolescente esté dispuesto a escuchar si sabe que usted oye realmente lo que él tiene que decir.

Organización y enfoque. Una discusión respetuosa y efectiva requiere organización mental; ésta es una destreza que se desarrolla con años de práctica. Mantenga la conversación bien centrada. No permita que la discusión tome otro rumbo ni que su atención se desvíe hacia asuntos tangenciales; no permita tampoco que los desacuerdos lleguen a ser aún peores. Si su adolescente dejó de cumplir alguna tarea doméstica, no agregue "una falta tras otra" a la lista ni comience a criticar la forma como mantiene su habitación, además del tema que los ocupa.

Respeto. Nadie sale ganando en una discusión con el uso de palabras soeces o denigrantes para los otros, criticando sus ideas y opiniones. Pueden y deben contradecirse las opiniones erróneas, pero en buenos términos, lo que, a la vez da ejemplo de la forma de manejar las diferencias de opinión en un clima de amabilidad y respeto. Evite todas las expresiones y actitudes remotamente agresivas o hirientes—por lo general, los adolescente son extremadamente sensibles. No se refiera a los demás en términos negativos o denigrantes puesto que esa actitud abona el terreno para el uso de palabras gruesas o términos ofensivos.

Basarse en datos concretos. Si su hija discute acaloradamente y sostiene que las restricciones para conducir un automóvil discriminan a los adolescentes, puede mostrarse de acuerdo con esa premisa básica, pero dándole a la vez, los datos de la tasa de accidentalidad de los adolescentes que constituye la base para esas disposiciones que le parecen injustas. Preséntele hechos y datos, sin pretender demostrarle que usted sabe más que ella.

Saber cuándo dar por terminada la discusión. Los siguientes son algunos signos inequívocos de que una discusión se ha prolongado demasiado. Los participantes comienzan a repetirse. Además se desvían hacia otros temas; los temperamentos se descontrolan o el ambiente se torna pesado y aburrido. Cuando ocurra cualquiera de estas cosas, será hora de terminar la discusión, aunque no se haya llegado a nada definitivo. Declarar una tregua permitirá que todos se tranquilicen y reflexionen.

Enseñar a su adolescente que es preferible tomarse unos minutos cuando las cosas no están llegando a ninguna parte y dejar la discusión del tema para después antes de descontrolarse y dar rienda suelta a su ira.

9

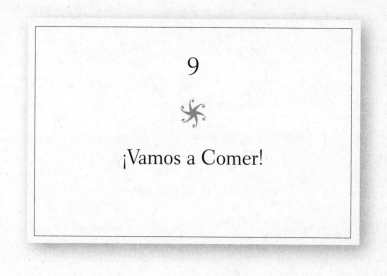

¡Vamos a Comer!

44

¿Lapiz Labial en la Mesa?

PREGUNTA: Hace poco estaba almorzando en un restaurante con unos buenos amigos y hacia el final del almuerzo, me puse lápiz labial. Una de mis amigas me hizo sentir muy mal por haberlo hecho estando sentada a la mesa. Sostengo que hice lo correcto... ¿o no?

RESPUESTA: Podríamos decir que hizo casi lo correcto. Está bien ponerse lápiz labial estando en la mesa *si* se está con amigos íntimos o parientes, en una situación que no sea de negocios, y no en un restaurante elegante. Por lo general, el arreglo personal debe hacerse en privado por obvias razones, puede ser molesto para los demás y es de mal gusto. Pero, retocarse el lápiz labial, sin usar un espejo, en forma rápida y sin que nadie lo note, es un ritual de arreglo personal que puede hacerse ante otras personas. Sin embargo ¡hay que pensarlo primero! Si tiene dudas, no lo haga, por ejemplo cuando esté en un almuerzo o cena de trabajo o con personas a quienes no conozca bien.

OCHO COMPORTAMIENTOS ERRADOS EN
LA APARIENCIA FEMENINA

Un buen espejo es su mejor amigo cuando se trata de corregir (¡en privado!) la mayoría de estas fallas comunes de la apariencia femenina:

- Ropa demasiado ajustada, demasiado corta o demasiado reveladora para la ocasión
- Caspa sobre la ropa oscura
- Medias con costura en la puntera con zapatos sin punta
- Prendas de vestir abotonadas que se abren entre los botones y dejan ver piel o ropa interior que no debe verse
- Zapatos demasiado elegantes o con tacones demasiado altos con ropa deportiva como jeans
- Ponerse vestidos de noche durante el día
- Joyería que tintinee o haga tanto ruido que pueda molestar a otros
- Ruedos sueltos y forros que se asoman por debajo del borde de la falda o por las mangas de la chaqueta

45

Los Modales de los Hombres a la Vista

PREGUNTA: Mi novio tiene unos modales terribles en la mesa. ¿Está bien que intente corregirlo cuando estamos comiendo juntos?

RESPUESTA: Esta es una queja frecuente y uno de los principales errores que cometen los hombres—olvidar la importancia de los modales en la mesa. Si es una relación que lleve ya tiempo, puede referirse al tema. Pero tenga cuidado: no querrá hacerlo sentir mal o inferior. Programe una situación en la que puedan estar solos. El objetivo es procurar cambiar su conducta. Diga algo como: "Amor, me he dado cuenta de que, a veces, cuando vamos a un restaurante, se te olvida comer con la boca cerrada y sostener correctamente los cubiertos. Sé que tienes un almuerzo importante con un cliente la semana entrante, por eso decidí decírtelo. No quisiera que ese cliente tan importante pudiera pensar que eres menos que fabuloso, como en realidad lo eres para mí." Si se trata de una nueva relación, muérdase la lengua. Los comentarios sobre los hábitos personales son un campo minado—no debemos pisarlo cuando tenemos una relación reciente.

OCHO COMPORTAMIENTOS ERRADOS EN
LA APARIENCIA MASCULINA

Una cosa es usar ropa limpia y en buen estado, otra cosa es la preferencia de estilos. No se abstenga de expresar su forma de ser, pero evite estos errores:

- Ropa que no le queda bien—demasiado grande o demasiado apretada
- Zapatos en mal estado
- Sandalias con un traje
- Sandalias con medias
- Medias que se ven cuando está de pie (porque los pantalones son cortos); o permitir que se vea la piel de la pierna al estar sentado (porque las medias son demasiado cortas)
- Corbata con camisa de manga corta
- Los puños de la camisa que se asoman más de media pulgada por la manga de la chaqueta
- Exceso de joyas—cadenas gruesas, anillos y pulseras

Las Servilletas, al Frente y en el Centro

PREGUNTA: ¿Dónde va la servilleta, a la izquierda del puesto o en el centro del plato?

RESPUESTA: Para poner una mesa formal, la servilleta va en el centro, ya sea en el plato de fondo o sobre el plato de seco, con el monograma, si lo tuviese, hacia la persona que ocupará el puesto. La servilleta se coloca al lado izquierdo si se trata de un primer plato que ya esté en la mesa cuando los invitados pasen al comedor; es mejor que el lado de los pliegues abiertos de la servilleta mire hacia afuera, hacia la izquierda. En una mesa informal, la servilleta puede ir a la izquierda de los tenedores o en el centro del plato (no debe estar necesariamente sobre el plato).

TODO LISTO PARA LA COMIDA

- Se comienza con un mantel o unos individuales limpios, con servilletas compañeras. Las servilletas van en el centro del puesto o a la izquierda de los tenedores. Los cubiertos no deben colocarse sobre la servilleta.

- Para comidas formales, la anfitriona coloca un plato de fondo, o plato de servicio, sobre el que va el plato de la entrada. Cuando se retira el plato de la entrada, se deja el plato de fondo sobre la mesa hasta que se trae el plato de seco para el plato principal, momento en el cual se cambia éste por el plato de fondo.

- Los cubiertos se ponen en el orden en que se van a utilizar comenzado, de afuera hacia adentro; a la izquierda del plato van el tenedor de la ensalada o de los aperitivos y luego el tenedor de la entrada. Si la ensalada se sirve al tiempo con la entrada, el tenedor de la ensalada debe ir a la derecha del tenedor de la entrada.

- A la derecha del plato, de afuera hacia adentro, se colocan la cuchara de sopa (si se va a servir sopa), una cuchara de té (si se va a servir café o té durante la cena) y luego el cuchillo de la entrada. El filo del cuchillo debe mirar hacia el plato. Si se sirven aperitivos de mariscos, debe colocarse, además, el tenedor para mariscos (conocido también como tenedor de mariscos o tenedor de ostras), a la derecha de la cuchara o las cucharas y el cuchillo— es el único tenedor que se pone a la derecha del plato.

- Habitualmente, las cucharas y tenedores de postre se traen a la mesa inmediatamente antes de servir los postres. Ahora, es frecuente ver que, desde que se pone la mesa, los cubiertos de postre se colocan en sentido horizontal arriba del plato. La cuchara de postre debe ir con el mango hacia la derecha. El tenedor de postre debe ir debajo de la cuchara con el mango hacia la izquierda.

- Tradicionalmente, no debe haber más de tres tenedores, cucharas y cuchillos a la vez en la mesa. El plato de la mantequilla va a la izquierda del plato principal, arriba de los tenedores. El cuchillo de la mantequilla debe colocarse en diagonal sobre este plato.

- Cuando se sirve la ensalada en un plato aparte, este plato se coloca a la izquierda de los tenedores.

- Los vasos van directamente arriba del lugar de los cuchillos y los cubiertos que van al lado derecho del plato. Se colocan por orden de tamaño, de izquierda a derecha, empezando por el más grande— el vaso de agua—a la izquierda, después la copa de vino rojo y luego la copa de vino blanco (si se va a servir vino blanco). El té helado y otras bebidas se ponen, generalmente, a la derecha del vaso de agua.

- Si se va a servir café o té caliente, la taza y el plato deben ir justo arriba de donde están el cuchillo y las cucharas. Para una cena formal, la taza y el plato se traen a la mesa después de la entrada y se colocan en el mismo lugar, al lado derecho.

    ¡Felicitaciones! Ha puesto una linda mesa.

47

"¡Hay una Mosca en mi Sopa!"

PREGUNTA: Me invitaron a una pequeña cena la semana pasada y encontré un pelo en mi porción de la cacerola de arroz. No pude comer ni un bocado. Es posible que la anfitriona se haya dado cuenta de que no toqué la comida ¿Debería haberle dicho en privado por qué no comí?

RESPUESTA: Hizo lo correcto al no mencionar el problema durante la cena. El hecho de mencionárselo a la anfitriona, aunque hubiera sido en privado, la habría hecho sentir mal y se trataba de algo que ya no tenía remedio. Si encuentra un objeto extraño después de haber tomado un bocado, sáquelo discretamente de su boca con el tenedor o la cuchara y póngalo al lado del plato. Después, puede seguir comiendo o dejar de comer ese plato específico, si lo prefiere.

CÓMO EVITAR LOS DESASTRES DURANTE LA COMIDA

El vino derramado, los excesos de tos, la carne dañada—en una cena pueden surgir muchos problemas inesperados. Con unas pocas normas y un comportamiento sereno, acompañado de buen sentido del humor, se pueden manejar con elegancia cualquiera de estos retos:

Los derrames. Si se derraman alimentos sobre la mesa al servirlos de la bandeja, con mucha discreción, recoja lo que pueda con una cuchara limpia o con su cuchillo. Luego, humedezca una punta de la servilleta en su vaso de agua y enjuague suavemente la mancha. Si derrama una bebida, enderece rápidamente la copa o el vaso y discúlpese con sus compañeros de mesa: "¡Lo siento! Espero que no los haya salpicado." Busque un paño o una esponja y recoja de inmediato el líquido. En un restaurante, haga una señal discreta al mesero quien, con una servilleta, tapará cualquier mancha. Cuando esté en otra casa, indíquele de inmediato a su anfitriona lo que ha pasado y ayúdele a limpiar.

Alimentos demasiado calientes o dañados. Si toma un bocado de un alimento demasiado caliente, tome rápidamente un sorbo de agua o de otra bebida fría. Si eso es imposible o no ayuda, saque rápidamente de su boca el alimento con su cubierto (de preferencia nunca con los dedos y tampoco en la servilleta), y póngalo en el borde del plato. Lo mismo se aplica para cualquier ostra o almeja o cualquier alimento, que por su sabor, parezca estar dañado: sáquelo de su boca tan rápido y discretamente como le sea posible.

Los alimentos a la deriva. ¿Se le ha quedado algún alimento enredado en los dientes? Pasar discretamente su lengua por el frente de sus dientes es una buena forma de verificar si le ha quedado algún residuo de comida y eliminarla si no está incrustada. Si no la puede sacar con la lengua, discúlpese y vaya al cuarto de baño a retirarla. Si ve que a uno de los compañeros de mesa le ha quedado comida en el rostro o en la ropa, le agradecerá si se lo hace notar. Si sólo hay dos en la mesa, diga: "Maggie, tienes algo en el mentón," si está en un grupo, haga una señal, que esa persona advierta, golpeando su propio mentón con su índice.

Toser, estornudar y sonarse la nariz. Cuando siente que va a estornudar o a toser, cubra su boca y nariz con un pañuelo o una servilleta de papel o con la servilleta, si no tiene otra cosa a mano. En una emergencia, la mano es mejor que nada. Si no puede dejar de toser o estornudar, discúlpese y retírese hasta que el problema haya pasado. Si debe sonarse, excúsese y vaya al baño a hacerlo allí, asegurándose de lavarse bien las manos después.

Atragantarse. Si se atraganta con algún alimento, y un sorbo de agua no resuelve el problema, cúbrase la boca y expulse el alimento con una tos fuerte. Si tiene que toser más de una o dos veces, discúlpese y retírese de la mesa. Cuando el atragantamiento sea serio, la solución es otra. Si no puede toser ni hablar haga lo que sea necesario—un gesto, tomar a alguien por el brazo—para que otro invitado le ayude. Afortunadamente, ahora muchas personas, y la mayoría de quienes trabajan en los restaurantes, saben cómo realizar la Maniobra de Heimlich para salvar vidas.

✳

48

Pasar Hacia la Derecha

PREGUNTA: Cuando comemos en un ambiente informal ¿en qué sentido se deben pasar las bandejas?

RESPUESTA: ¡Esta es una de las preguntas más frecuentes que recibimos en el Instituto Emily Post! Desde el punto de vista técnico, los alimentos se pasan alrededor de la mesa en sentido opuesto a las manecillas del reloj, es decir, hacia la derecha. La razón por la cual hay una norma para esto es para darle un cierto orden a la forma de pasar los alimentos. Aquí también entra en juego el sentido común. Si alguien que se encuentre a su izquierda, a poca distancia de usted, le pide que le pase algo, es lógico que debe pasar por la izquierda en lugar de pasarlo a la derecha y darle toda la vuelta a la mesa. Por lo general, lo que importa es que cuando se estén pasando varias bandejas a la vez, todas vayan en la misma dirección.

MODALES INADECUADOS EN LA MESA

- Comer con la boca abierta y hablar con la boca llena
- Sorber, chasquear, sonarse o hacer ruidos desagradables
- Sostener los cubiertos como una pala o un arma

- Limpiarse los dientes con las uñas en la mesa del comedor, o, lo que es aún peor, utilizar la seda dental
- No poner la servilleta sobre sus rodillas o no usarla en absoluto
- Tomar un sorbo de alguna bebida mientas aún mastica los alimentos (a menos que se esté atragantando)
- Cortar de una vez todos los alimentos
- Sentarse escurrido en el asiento o con los codos apoyados sobre la mesa mientras come
- Estirarse por encima de todo el mundo para alcanzar algo en lugar de pedir que se lo pasen
- Dejar la mesa sin decir "Disculpen"

Las Tres Principales Preguntas sobre los Modales en la Mesa

1. ¿EN ZIGZAG O CONTINENTAL?

Estas son dos técnicas de utilizar el tenedor y el cuchillo: el estilo americano (en el que la persona corta los alimentos con el cuchillo en su mano derecha y el tenedor en la izquierda y luego cambia el tenedor a su mano derecha para llevarse la comida a la boca) y el estilo continental (en el que el tenedor permanece siempre en la mano izquierda mientras que el cuchillo se sostiene con la derecha para cortar los alimentos). A algunos americanos les disgusta el estilo continental, y lo consideran pretensioso. Algo sin sentido. Lo mismo puede decirse del estilo americano que Emily Post llamaba el estilo de comer en "zigzag." "¿Por qué una persona totalmente capaz debe pretender que su mano izquierda está paralizada y que no puede levantarla cuatro pulgadas sobre la mesa? Es algo que no se entiende." ¿El resultado final? Cualquiera de los dos métodos está bien. Debe utilizar el que le resulte más cómodo.

2. ¿LOS CODOS SOBRE LA MESA?

Por mucho tiempo, la regla inamovible era *que los codos no debían ponerse sobre la mesa*. Ahora, lo que realmente importa es cómo sentarse a la mesa y no verse como un maleducado. Si se sienta agachado sobre el plato, recostado en los codos y se lleva la comida a la boca como si los cubiertos fueran una pala para recoger tierra, entonces la norma de no poner los codos en la mesa es sólo uno de sus problemas. Además de no tener modales para comer, su postura desgarbada le hace ver como si no quisiera estar allí. Todo lo anterior se traduce en falta de respeto hacia los demás comensales.

Sin embargo, a veces está bien poner los codos sobre la mesa. Es decir, cuando no se está comiendo realmente—ya sea entre un plato y otro o antes y después de la cena—cuando debe, por alguna razón, inclinarse hacia donde se encuentra otro de los invitados para escuchar lo que dice; en ese momento está bien apoyar el codo en el borde de la mesa; estará cumpliendo con las normas de etiqueta porque está mostrando interés por quienes se encuentran a la mesa con usted. Utilice el sentido común y cierta precaución. Apoyar el codo suavemente sobre la mesa entre uno y otro plato no debe ser un ademán que ofenda a nadie—siempre que no exagere y empiece a recostarse sobre su mano hasta que se le caiga la cabeza.

3. ¿QUÉ ES UN PLATO DE FONDO?

PREGUNTA: Hace poco, cuando compraba una nueva vajilla, vi lo que me dijeron que se llamaba un plato de fondo ¿Qué es y cómo se usa?

RESPUESTA: Este plato, más grande que los demás, se llama también plato de servicio; permanece en la mesa como parte de la vajilla que se utiliza para poner la mesa. Sirve como plato de fondo para colocar sobre él el plato de la entrada que se trae ya servido a la mesa. Cuando los invitados terminan la entrada este plato de fondo (o plato de servicio) permanece sobre la mesa hasta que llega el plato principal, momento en el cual se cambia de plato. Originalmente, el plato de fondo era una medida de delicadeza, en las cenas de gala para garantizar que el puesto nunca quedara vacío mientras llegaba el plato fuerte. Ahora se han vuelto a utilizar los platos de fondo como una especie de novedad en muchos ambientes diferentes, incluyendo las cenas informales. No son ni mucho menos necesarios, por lo que no se debe sentir obligada a utilizarlos ni a agregarlos a su vajilla, a menos que realmente lo desee. Si lo hace, podrá divertirse con una gran variedad de platos de fondo actualmente disponibles y con formas más casuales de usarlos y retirarlos. Por ejemplo, a excepción de las cenas más formales, puede retirar el plato de fondo antes de servir la entrada.

※

50

Cómo se Come un Tomate Miniatura

PREGUNTA: Al comer un tomate miniatura ¿se supone que deba cortarse con un cuchillo? No me atrevo a hacerlo por miedo a que ocurra un desastre.

RESPUESTA: Los tomates miniatura son pequeñísimos, pero sin duda ¡pueden producir chisguetes! Cuando se sirven como aperitivos, no constituyen un problema—sólo se toma uno y se come con la boca cerrada. Si están en una ensalada, se pincha *ligeramente* la cáscara con el tenedor antes de metérselo entero a la boca si es pequeño, o antes de cortarlo precavidamente en dos.

"¿ESE ES SU PLATO DE PAN O EL MÍO?"

Hay una historia acerca de Emily Post y los modales en la mesa que a todos nos encanta escuchar. Mientras cenaba con un grupo de importantes señoras, una de ellas le preguntó a Emily al final de la cena: "Bien, Señora Post, ¿se dio cuenta de que durante toda la cena tomó el pan de mi plato?" ¿Qué respondió Emily? "¡Bueno! ¿No es eso algo típico en mí?" Acostumbrada a no responder en forma agresiva, la respuesta de Emily también se basaba en su propia filosofía—la etiqueta se basa en principios de sinceridad (¡siempre con tacto!), respeto y consideración con los demás. La etiqueta es el código de conducta que cumplimos para que quienes nos rodean se sientan más a gusto. Emily nunca cometió la menor falta de etiqueta en esta situación; su compañera de mesa sí lo hizo al señalar una equivocación de Emily. Nunca debe ponerse en evidencia la persona que cometa un error para evitar que pueda sentirse incómoda. ¡Oh!, a propósito, su plato de pan es el que queda a su izquierda—justo arriba de los tenedores. También de ese lado encontrará el plato de la ensalada, a la izquierda de sus tenedores.

✳

10

"Reservaciones, Por Favor"

51

El Comensal Ansioso

PREGUNTA: Cuando salgo a comer con un grupo y los pedidos de algunos llegan antes que otros, ¿es correcto si empiezo a comer, o debo esperar a que todos tengan su plato?

RESPUESTA: Si pasa mucho tiempo entre el momento en que llegan unos y otros platos, el anfitrión u otra persona del grupo deben animar a los que ya han recibido sus pedidos a que comiencen a comer. Este detalle específico de etiqueta se aplica a las comidas que deben servirse (y comerse) calientes. Si todos han ordenado platos fríos, los que reciben primero sus pedidos deben esperar a que todos tengan sus platos antes de empezar a comer.

DILEMAS COMUNES DURANTE LA COMIDA

No le gusta la comida. Sólo debe devolverse un pedido si está equivocado y no es lo que usted ordenó, o si no se ha preparado como usted lo solicitó (cuando una carne que usted a pedido término medio llega, por ejemplo, cruda), cuando el plato ordenado sabe mal, o cuando encuentre un pelo o un bicho en su plato. En tono calmado y discreto, dígale al mesero lo que ocurre.

Desea probar el plato que pidió su acompañante. Aceptar la invitación de la otra persona a probar su plato u ofrecer un bocado del suyo—está muy bien siempre que se haga en forma discreta y limpia. Pase su plato del pan a la otra persona para que pueda colocar allí una cucharada de su pedido; o, si está sentado a su lado, arrime su plato para que pueda pasar un bocado de su plato al suyo. No le dé un bocado con su tenedor a otro invitado ni le quite algo de su plato—estas dos actitudes no son bien vistas y son desagradables para los demás.

El acompañamiento del plato principal viene en platos individuales. Está bien comer los vegetales u otro acompañamiento directamente del plato individual si es sólo para usted. Si prefiere pasar la comida a su plato, utilice un cubierto o deslícela con mucho cuidado de modo que no se derrame. También puede pedirle al mesero que se la sirvas en su plato y que retire el plato vacío para despejar la mesa.

Se encuentra con alimentos que no le son familiares. Cuando llega una bandeja con alimentos que usted no sabe exactamente cómo comer—un tipo inusual de sushi, o tal vez un cangrejo en su concha—puede (1) esperar a que alguien comience a comer e imitar a esa persona; (2) preguntar cómo debe comer ese alimento—"¿con la mano o con los cubiertos?" (3) abstenerse de comerlo. Exclamar: "¡Uy!... ¿Qué es eso?" *no* es una opción.

No sabe a ciencia cierta cómo utilizar los cubiertos. Nunca ponga un tenedor, una cuchara o un cuchillo ya usados directamente sobre la mesa. (Nota: esto también se aplica inclusive cuando el mesero le pide que "retire del plato sus cubiertos ya usados para usarlos con el siguiente plato"). En cambio, coloque los cubiertos en sentido diagonal sobre su plato, no recostados contra éste como si se tratara de un remo en una barqueta. Si coloca su tenedor y su cuchillo en una posición en que estén de punta uno contra el otro formando una V invertida será señal de que ha hecho una pausa para hablar o beber; si coloca los cubiertos uno al lado del otro en sentido diagonal sobre su plato, será indicación de que el mesero puede retirarlo.

✳

52

Al Momento de Dar Propina

PREGUNTA: ¿El maître o capitán de meseros de un restaurante debe recibir propina por separado o debe ir incluida esta propina en la propina del mesero?

RESPUESTA: La propina para el capitán de meseros se incluye en la propina global. Casi todos los restaurantes de alto nivel, que tienen capitán de meseros (también llamados maître) reúnen el total de las propinas para repartirlas luego en una proporción de 75 por ciento para el mesero y 25 por ciento para el capitán de meseros. Si en el recibo de su tarjeta de crédito aparece una propina individual para el capitán de meseros cuando se lo entregan para firmarlo, normalmente puede ignorar esta nota y aumentar el total de la propina.

SALIR A COMER: A QUIÉN, CUÁNTO Y CUÁNDO DAR PROPINAS

Al Anfitrión o Anfitriona del Restaurante y los Meseros

No se acostumbra dar propina a las personas que reciben a los clientes y los acomodan en las mesas que, en los restaurantes más elegantes, se conocen como maître. Por lo general, sólo se espera que esas propinas sean dejadas, ocasionalmente, por quienes son clientes frecuentes del establecimiento, que cada cierto tiempo dejan $10 ó $20 por algún servicio extra—por recordar, por ejemplo, el vino favorito, o por ocuparse de acomodar a los clientes sin demora en su mesa preferida. Cuando no se conoce al anfitrión del restaurante, sólo debe dejársele una propina si ha sido especialmente diligente en buscarles una mesa, en una noche en la que el restaurante esté lleno y ustedes hayan llegado sin reservación (se le deben dar entre $10 y $15 dólares después de que los haya llevado a la mesa). Si su grupo de invitados es grande, la propina debe duplicarse según el número de personas.

A quienes atienden el bar

Cuanta sea la propina que se le deje a la persona encargada del bar es parte de si está en el bar esperando a que se desocupe una mesa en el comedor adyacente o si está en el bar para tomar unos tragos. Mientras espera que le asignen una mesa, puede pagar los tragos que ordene o puede pedirle al encargado del bar que le pase la cuenta después, como parte de la cuenta de la cena. En cualquier caso, debe dejar una propina para el encargado del bar cuando le avisen que su mesa está lista. La norma es $1 por trago. En las ciudades pequeñas basta con dejar 50 centavos o un poco más por trago. Si ha ido al bar sólo para beber un trago la propina debe ser el equivalente al 15 ó 20 por ciento del total. La propina debe ser más alta si el encargado del bar ha elaborado una factura para usted. Si le ha obsequiado uno o dos tragos, agregue un par de dólares a la propina.

El encargado de los vinos

No siempre es necesario dar propina al encargado de los vinos (al *somelier* si es hombre o *somelière* si es mujer). Si lo hace, la propina debe ser de $15 a 20 por ciento del valor del vino, pero sólo se requiere si se ha esmerado en brindar servicios como darles la explicación de la selección de vinos o sirviendo el vino (u ofreciéndose a servirlo) para las personas que se encuentran en la mesa, tan pronto como ve una copa vacía. Si el encargado de vino sólo tomó su pedido y sirvió la primera copa de vino, no es necesario darle una propina individual. Por lo general, los clientes le dan propina al encargado de los vinos entregándosela en efectivo al final de la cena, aunque en algunos restaurantes se puede encontrar un rubro con la propina para el encargado de vinos en el comprobante de la tarjeta de crédito. Cuando haya dado propina al encargado de los vinos, la propina para el mesero será el porcentaje habitual pero calculado solo sobre la porción de la cuenta correspondiente a la comida.

Las personas que atienden los baños

Quienes se encargan de los baños reciben al menos 15 centavos por la simple tarea de alcanzarle una toalla de papel. Si le cepillan la chaqueta o le consiguen una aguja y un hilo para coger un ruedo suelto, deberá dejar $2 ó $3 dólares. Si hay un pequeño plato con monedas a la vista, coloque allí su propina en lugar de entregarla directamente a la persona encargada de la atención en el baño. Si esta persona no le presta ningún servicio sino permanece parada sin hacer nada, no tiene que darle propina.

Los estacionamientos con servicio de valet

La propina para el que atiende el estacionamiento debe ser $1 en las ciudades pequeñas y medianas y de $2 a $3 dólares en las ciudades grandes y los establecimientos de lujo. La propina debe darse (junto con la expresión "Gracias") cuando le traigan el automóvil, al llegar.

Los auxiliares del restaurante

Los auxiliares del restaurante, no reciben propina, con dos excepciones. Si derrama una bebida y llega uno de ellos a limpiar puede darle de $1 a $2 dólares de propina, al salir. Cuando el ayudante de una cafetería le lleve su bandeja hasta la mesa, la propina es de 50 centavos a $1 dólar.

Esté atento a los costos incluidos

Lea con atención su cuenta para ver qué costos o cargos de servicio están incluidos—por lo general, ya se ha sumado a la cuenta el 15 por ciento. Estas propinas incluidas son comunes en muchos países distintos a los Estados Unidos, así como cuando se trata de grupos grandes (de más de seis personas en los restaurantes estadounidenses). Cuando ya se ha agregado un costo a la cuenta, no es necesario dejar una propina adicional (aunque puede hacerlo si ha recibido un servicio excelente). No se espera una propina adicional a la ya incluida en la cuenta.

53

¿Dejar de Dar Propina?

PREGUNTA: Cuando voy a un restaurante estilo buffet en el que todo lo que hace el mesero es tomar los pedidos de las bebidas y recoger los platos, ¿debo dejar una propina?

RESPUESTA: En un buffet hay que dejar una propina equivalente al 10 por ciento de la cuenta. Pero, como con todo lo relacionado a las propinas, sólo debe seguirse esta norma cuando el mesero se haya mostrado atento, y haya estado siempre dispuesto a ayudar. Si ofrece un servicio extremadamente bueno, puede aumentarle un poco la propina. Pero puede también sentirse cómodo con una propina más pequeña, si no vuelve a llenar su vaso de agua o no retira los platos o si no aparece cuando usted pida la cuenta.

LOS MODALES EN LA BARRA DE ENSALADAS

Los restaurantes estilo buffet que tienen barra de ensaladas pueden ser más informales que los de servicio a la mesa, pero esto no significa que los modales deban ser menos civilizados. ¿Cómo servirse con distinción en las barras de ensaladas?:

- Use las pinzas o las cucharas dispuestas para tomar los alimentos.
- No pruebe lo que ha elegido ni empiece a comer de su plato mientras está en la fila. Espere a sentarse en la mesa para empezar a comer.
- Sírvase sólo lo que piensa consumir.
- Fíjese que sólo su brazo y su mano pasen bajo la guarda protectora (en otras palabras: ¡no asome la cabeza por debajo de esta guarda para examinarlo todo!). La guarda es para proteger los alimentos.
- Por lo general, cada uno de los alimentos disponibles en la barra de ensaladas tiene su propia cuchara para servir. Utilice cada cubierto sólo para los alimentos para los que está destinado. Tenga en cuenta a las personas que están a su alrededor y no se demore en la fila, sírvase rápido y en silencio.
- Siempre que le sea posible, conviene llamar la atención del personal encargado de la atención al cliente si ve que algún alimento de la barra de ensaladas necesita reposición.
- Si regresa a la barra de ensaladas para repetir, deje su plato y sus cubiertos usados en la mesa para que los meseros los retiren. En la mayoría de los códigos de salud se dispone que los platos usados no deben volverse a llevar al área de servicio; de ser así, los clientes podrían diseminar gérmenes de sus platos y cubiertos usados. Los restaurantes con barra de ensaladas entrenan a sus empleados a retirar sin demora los platos sucios, por lo que (ojalá) el suyo ya no estará en la mesa cuando usted regrese con su repetición.

✳

54

Es una Orden: No se Abstenga

PREGUNTA: Me gusta invitar a restaurantes pero me he dado cuenta de que el momento de hacer los pedidos es incómodo, porque algunos de los invitados no saben qué pedir. ¿Cómo hago para que sepan que pueden pedir lo que quieran?

RESPUESTA: A veces los invitados temen pedir algo que sea demasiado costoso o se preocupan por ser los únicos que estén pidiendo un aperitivo o una sopa. El anfitrión es quien tiene que tranquilizar a sus huéspedes con comentarios como: "Los camarones fríos son los mejores que he comido y, si les gusta, la ensalada César es algo que no se pueden perder, [así sabrán que está bien si piden una entrada], además, puedo recomendar también las costillas de ternera [u otro plato que corresponda a los más costosos]." Sin tener que decir: "Por favor pidan una entrada," sus invitados sabrán que espera que lo hagan y no tendrán que buscar la entrada menos costosa.

SABER INVITAR AL RESTAURANTE ADECUADO

Tenga en cuenta los gustos de sus invitados. De ser posible, averigüe si les gusta, o les disgusta, en especial algún plato o algún tipo de comida o cocina étnica. Puede preguntárselo al hacer la invitación o al proponerles dos o tres restaurantes para que elijan. Si ha invitado a un grupo, elija un restaurante que tenga un menú con una amplia variedad de platos para que cada cual pueda encontrar algo que le guste. Además, tenga en cuenta la conveniencia y la lógica.

Elija un restaurante que conozca. Aún un lugar nuevo, de moda, con el mejor chef de la ciudad puede tener un servicio muy lento o ser ruidoso o permanecer demasiado lleno y no permite sostener una conversación. Vaya a lo más seguro.

Reserve una mesa con anticipación. Tal vez no le importe tener que esperar en el bar mientras se desocupa una mesa, pero otras personas de su grupo pueden pensar que esto es un inconveniente.

Llegue temprano. Asegúrese de llegar unos minutos antes que sus invitados. Así les evitará la preocupación de si deben entrar y buscar una mesa en caso de llegar primero. Si espera en la mesa, déle al maître los nombres de sus invitados y pídale que los guíe hasta donde usted se encuentra. Si espera en el hall a que lleguen varios de sus invitados y algunos se demoran más de diez minutos, proceda a buscar una mesa y pídale al maître que lleve hasta la mesa a los invitados que lleguen tarde.

Póngase de pie para saludar a los que llegan tarde. Si llega un invitado retrasado después de que ya se encuentren en la mesa, póngase de pie para saludarlo.

Asegúrese de que la reunión tenga un buen comienzo. No olvide presentar a todos sus invitados, después de que los haya saludado uno a uno por separado. Ya sea que ordene o no un trago antes de la cena, deje en claro que sus invitados pueden ordenar otros tragos, de cualquier tipo, si lo desean.

Anime a todos a que comiencen. Si los platos de los distintos invitados llegan a diferentes momentos, anime a los que ya tienen los suyos a comenzar a comer, especialmente si se trata de un plato caliente.

"La cuenta, por favor." Al pagar la cuenta, no muestre ni revele el total. Ni en broma. "Bueno, por lo menos disfrutamos la cena," sería un comentario que podía llevar a los invitados a pensar que hicieron pedidos exagerados. Si usted es una mujer quien invita, asegurarse de advertirle claramente al maître o al gerente (antes de llegar al restaurante, o al momento de entrar) que sólo a usted deben pasarle la cuenta—y no a uno de los hombres del grupo. Algunas mujeres acostumbran a pagar por anticipado y así evitar cualquier confusión sobre quién debe pagar la cuenta.

✶

55

Saber Esperar

PREGUNTA: Hace poco me invitó a almorzar un socio de negocios. Llegué antes que él al restaurante y uno de los meseros me llevó a una mesa ¿He debido esperar a que llegara mi anfitrión?

RESPUESTA: En el campo de los negocios, es mejor esperar en el lobby a que llegue la persona que invita, en vez de esperarlo ya en la mesa. Así él tendrá la oportunidad de adoptar la posición de mando, al llegar. Si usted es quien invita, espere a su invitado en el lobby, en lugar de hacerlo ya en la mesa, de ser posible. Sin embargo, si el restaurante está muy lleno y el personal le indica que debe elegir la mesa para poderla reservar, está bien que lo haga. Esto se aplica en el caso de que sea usted la invitada o la anfitriona. El maître le indicará a su invitado dónde está su mesa. Para una reunión social con amigos, si llega primero, está muy bien que busque una mesa—así el restaurante esté lleno o no.

EL BUEN COMENSAL DE RESTAURANTE

- Nunca se queje con el maître por la elección de la mesa, por mucho que le desagrade la ubicación. La persona que invita es quien debe exigir el cambio de mesa.

- Al ordenar una bebida, procure que esté más o menos de acuerdo con lo que los demás están tomando. Con un grupo de amigos informales, es posible que pidiendo un tequila no sorprenda a nadie. Pero este tipo de elección no conviene si todos están tomando té helado, jugo de frutas y soda.

- Cuando su anfitrión pida un trago con la cena, y esta cena tenga un límite de tiempo (cuando se trate de un almuerzo de trabajo o una cena antes de una obra de teatro, por ejemplo), pida un trago de cualquier *clase* para que él no crea que usted se preocupa de que los tragos antes de la cena puedan ser muy demorados.

- Como regla general, no pida los platos más caros del menú. Aunque el anfitrión diga: "Pidan lo que quieran," es mejor mantenerse dentro de un rango de precio medio. Además, puede seguir el ejemplo de lo que otros hayan pedido y elegir algo dentro del mismo rango de precio. Por otra parte, no hay que pedir lo más barato que se ofrezca; esto podría implicar que piensa que su anfitrión no puede pagar nada más costoso.

- Sólo debe devolver un pedido si está mal, no porque decida, de pronto, que no le gusta.

- Tampoco debe quejarse de la comida ni del servicio. El dar la impresión de que no está satisfecho podría implicar que no concuerda con la elección del restaurante que ha hecho su anfitrión.

- Aunque el anfitrión le haya dado propina al encargado del guardarropa, al dejar el abrigo, es conveniente tratar de retribuirle: "Jack, ¿quieres, por favor, dejar que yo me encargue de esto?" Pero también sepa aceptar si la respuesta es no.

- Muéstrese agradecido: ya se trate de una invitación de negocios o de una invitación social, agradezca siempre a su anfitrión. Hágalo al menos una vez, en persona, al terminar la cena. Luego, envíele una pequeña nota manuscrita dándole las gracias—lo mejor y la forma más amable de hacerlo (y algo esencial tanto en el campo de los negocios, como después de una entrevista de trabajo que se lleve a cabo durante un almuerzo)—o agradézcaselo por teléfono o por correo electrónico.

56

Menos Propina

PREGUNTA: Si el servicio que recibo en un restaurante es desastroso ¿conviene abstenerme de dar propina?

RESPUESTA: Está bien reducir la propina; no está bien suprimirla. Una buena regla general es dar el 10 por ciento de propina si el servicio es mediocre y el 8 por ciento si es realmente malo. Pero menos del 8 por ciento es muy poco (quienes atienden en los restaurantes pagan impuestos de 8 por ciento sobre el sueldo que ganan, por lo que rebajar la propina a menos de ese porcentaje es muy drástico y, por lo general, injusto). Recuerde que una propina pequeña no resuelve el problema (generalmente la culpa no es del mesero). Una propina pequeña es simplemente una ofensa para todos los empleados que comparten el total de las propinas—y es posible que los demás le hayan prestado un buen servicio. No dejar propina es también un gesto ambiguo. El mesero puede pensar que se le olvidó o que le está haciendo un desplante y lo que usted quiere comunicar, es decir, el mal servicio, no se interpretará nunca como tal. Reducir la propina envía el mensaje directo de que el servicio no fue satisfactorio. Es buena idea decírselo (discretamente) al gerente del restaurante para que conozca los problemas y los pueda resolver.

Si experimenta problemas durante su estadía en el restaurante,

no espere hasta el momento de pagar para expresar su insatisfac-
ción. Comuníqueselo al mesero o al gerente del restaurante de inmediato y déle la oportunidad de resolver el problema. Si lo hace,
déle la propina completa (de 15 al 20 por ciento es lo habitual). Si no
se resuelve el problema, o si el mesero no se ocupa lo suficiente por
resolverlo, podrá entonces reducir la propina.

NORMAS PARA DAR PROPINA

- *La persona que recibe una propina debe merecerla.* El buen
  servicio debe retribuirse en forma generosa y la propina debe re-
  ducirse por un servicio indiferente o poco amable. Así, ayudará a
  elevar el nivel de servicio.

- *Trate a los empleados del restaurante con respeto.* Dejar una
  propina generosa no recompensa una actitud de mando desconsi-
  derada para con algunos de ellos. Si bien las propinas contribuyen
  a aumentar los ingresos de quienes atienden y los recompensa por
  un trabajo bien hecho, el tratarlos con amabilidad es igualmente
  importante.

- *Cuando tenga dudas acerca de si dar o no propina, pregunte de
  antemano.* Si un almacén se ha comprometido a entregar un nuevo
  sofá, llame y pregunte a alguien del departamento de muebles si
  se acostumbra dar propina a quienes entregan los muebles; en el
  salón de belleza, pregunte a la recepcionista. En algunas situaciones, dejar una propina puede ser un acto humillante. Tómese el
  tiempo de definir qué se espera para evitarse un momento desagradable.

- *La propina debe calcularse en el monto de la cuenta sin impuestos, no sobre el total.*

- *La propina debe entregarse en forma discreta*. La propina es algo privado. No actúe como un "gran despilfarrador" mostrando un fajo de billetes.

- *La propina siempre debe hacerse en efectivo*. A veces, un pequeño regalo, por lo general, entregado durante las épocas de fiesta puede ser utilizado en cambio de efectivo. Por ejemplo, en el caso de una peluquera, un peluquero, este regalo puede ser el "cierre" de las propinas que le ha dado durante todo el año.

❋

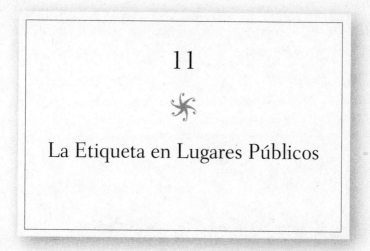

11

La Etiqueta en Lugares Públicos

57

Los que no Cesan de Hablar en el Gimnasio

PREGUNTA: Mi amiga va al gimnasio al mismo tiempo que yo. Se instala en la cinta de correr y comienza a hablar sin parar. ¡Yo quiero paz y tranquilidad! ¿Cómo se lo digo?

RESPUESTA: Para muchas de nosotras, el gimnasio es un refugio privado que nos libera del estrés. Dígale a su amiga, que, aunque disfruta de su compañía en el gimnasio tiene que concentrarse en los ejercicios. Luego sugiérale que se encuentren en algún lugar después del trabajo, para que no se sienta rechazada.

LA ETIQUETA EN EL SPA

- Seque el sudor que deje en las colchonetas y en las máquinas. Nadie querrá sentarse o acostarse en el sudor de otra persona. Lleve una toalla para este fin o utilice un spray desinfectante y los paños para limpiar que provee el gimnasio.
- No deje las pesas ni las pesas manuales en una barra o una máquina. De lo contrario, quienes usan el equipo tendrán que gastar tiempo quitándolas.
- No acapare las máquinas de pesas. Cuando otros quieran utilizarlas, esté dispuesta a cambiar de equipo.

- Si todas las cintas de correr o las máquinas de ejercicios cardio-vasculares están ocupadas, utilícelas por tiempo limitado para darle la oportunidad a quienes esperan su turno para utilizarlas. Muchos gimnasios limitan el tiempo de uso de las máquinas más populares en horas pico.

- Si le gusta coquetear, no se convierta en una persona molesta. Deje ese hábito para otro lugar. Si intenta iniciar una conversación con alguien que le parece atractivo y no le presta atención (por amable que parezca), deje de intentarlo de inmediato.

- Una cosa es un "Hola" rápido y amistoso y otra cosa es entablar una conversación con alguien e interrumpir su rutina de ejercicios.

- Cumpla las reglas del spa. Use los zapatos adecuados (los zapatos con suela negra pueden ser un problema), no use el celular y regístrese en la recepción.

- Sea consciente de su olor corporal: vaya al gimnasio limpio, no olvide el desodorante y no utilice perfume ni colonia.

- Sea puntual para las sesiones particulares de entrenamiento y para las clases de gimnasia en grupo.

- Colabore para mantener limpia, ordenada y segura el área de ejercicios: mantenga sus toallas, botellas de agua y registros de estado físico siempre con usted para que no estorben a los demás.

- Mantenga su ropa y otros artículos personales en un lócker. Recoja cualquier desorden que haya hecho en el cuarto de los lóckers y en las duchas. Deposite las toallas usadas en los lugares indicados.

✳

58

Reglas para Usar Blanco

PREGUNTA: Siempre me enseñaron que no debía usar blanco después del Día del Trabajo ¿Eso aún sigue siendo cierto?

RESPUESTA: Se puede usar blanco los 365 días del año. La antigua regla acerca de usar blanco sólo desde el Día de los Caídos (*Memorial Day*) hasta el Día del Trabajo es cosa del pasado. Esa regla solía aplicarse a los zapatos, la ropa y las carteras blancas. Ahora, las normas de la moda según la estación tienen que ver con el *peso* de las telas, no con el color. Las telas y los cueros livianos (el algodón, el lino, el organdí y los cueros y materiales para zapatos y carteras), por lo general blancos o en color pastel, se utilizan durante los meses de clima templado y caliente, mientras que las telas más gruesas (de lana, de algodón grueso y los cueros, las panas, el ante y el satín) de cualquier color, incluyendo el "blanco de invierno," se usan en los meses frescos y en la estación fría. Por la gran variedad de climas del país, el momento para cambiar de blanco de verano a blanco de invierno dependerá del clima del lugar donde se viva. Otra pregunta que a veces surge es si está bien usar ropa blanca, (ya sea vestido, traje o pantalón) para asistir a una boda. La respuesta es que está muy bien usar ropa blanca, siempre que el atuendo que elija sea adecuado para asistir a una boda formal y no compita con el traje de la novia.

ÉXITO EN EL CÓDIGO DEL VESTUARIO

Corbata Blanca

Para los hombres: traje negro, pantalón negro que haga juego, con una sola banda o trenza de satín, camisa de piqué blanco con cuello de pajarita, con pechera almidonada, chaleco blanco, corbatín blanco, guantes blancos o grises, zapatos negros de charol y medias de seda negras.

Para las mujeres: vestido de gala, largo (hasta el piso).

Corbata Negra

Para los hombres: chaqueta de gala negra con pantalón que haga juego, camisa blanca forma (pechera de piqué o plisada), corbatín negro (de seda, satín brillante o sarga), faja negra del mismo material del corbatín, calzonarias de buena marca para garantizar un buen ajuste del pantalón (opcionales), zapatos de charol negro y medias de seda negras, sin guantes. *En el verano o durante un crucero*: chaqueta formal blanca, pantalones negros de gala, u otro traje apropiado para corbata negra.

Para las mujeres: vestido de noche formal (largo hasta el piso) o vestido de cóctel corto, elegante.

Corbata Negra Opcional

Para los hombres: ya sea esmoquin (ver "Corbata Negra" en los párrafos anteriores) o un traje oscuro, camisa blanca y corbata conservadora.

Para las mujeres: vestido de gala formal (largo hasta el piso), vestido corto, vestido de cóctel elegante o un conjunto elegante.

Corbata Negra Creativa

Para los hombres: esmoquin combinado con elementos de moda o de fantasía como una camisa negra o un corbatín de color o con algún diseño y faja, zapatos de charol o zapatos elegantes de cuero negro y medias negras.

Para las mujeres: vestido de noche formal (largo hasta el suelo), vestido corto, vestido de cóctel elegante o un conjunto elegante. O cualquiera de los anteriores con accesorios tales como una boa de plumas o un chal elegante y joyas de colores llamativos.

Semiformal

Para los hombres: vestido de paño oscuro (por lo general de paño de lana inglés) con chaleco combinado (opcional), camisa blanca, corbata conservadora, zapatos de cuero negro elegantes y medias negras u oscuras, elegantes.

Para las mujeres: vestido de tarde corto o vestido de cóctel o una falda larga elegante con una blusa.

Vestido de Fiesta

Para los hombres: chaqueta deportiva según la estación, o un blazer en el color preferido, pantalón, camisa de cuello abierto o una camisa con una corbata con tema "festivo."

Para las mujeres: vestido de cóctel corto, falda larga elegante con una blusa, o un conjunto de pantalón.

Casual Elegante

Para los hombres: chaqueta deportiva según la estación o un blazer, pantalón, camisa de cuello abierto.

Para las mujeres: vestido de calle, una falda y una blusa elegante o un pantalón elegante.

Vestido de Calle Informal

Para los hombres: chaqueta deportiva según la estación o un blazer, pantalón o pantalones caqui, camisa de cuello abierto.

Para las mujeres: una falda, unos pantalones normales o caqui, camisa de cuello abierto o camisa de tejido de punto, un suéter (sin tiras delgadas en vez de mangas y sin escote).

Deportiva Casual

Para los hombres: pantalones caqui o unos jeans limpios bien planchados, una camiseta de color sólido (sin letreros ni dibujos), una camisa polo o una camisa informal abotonada.

Para las mujeres: pantalones caqui o unos jeans limpios bien planchados, una camiseta (sin letreros ni dibujos), una camisa polo o una camisa deportiva abotonada.

Ropa de Playa Informal

Para los hombres: pantalones caqui o shorts (hasta la rodilla o bermudas), camisa de tejido de punto o camisa tipo polo, camisa deportiva (opcional) o un suéter.

Para las mujeres: un vestido de playa, pantalones caqui o shorts (hasta la rodilla o bermudas), camisa de cuello abierto, camisa de tejido de punto o camisa tipo polo; una chaqueta liviana o un suéter.

Vestido de Fiesta Casual

El vestuario es el mismo del "Vestido de Calle Informal" con algunos colores o diseños festivos.

59

Volar por Cielos no Amistosos

PREGUNTA: Estoy cansada de los padres que permiten que sus hijos se comporten mal dentro del avión. En mis últimos vuelos, he sido pateada, golpeada y atormentada con un sin fin de llantos y pataletas. ¿Cómo hago para que esto no vuelva a suceder?

RESPUESTA: A menos que pueda costear un jet privado o un asiento cómodo y tranquilo en primera clase, los niños son parte del paquete de viajes aéreos. Los padres deberían, sin duda, procurar mantener a sus hijos tranquilos, y muchos lo hacen. Afrontar a aquellos que no lo hacen será algo que tendrá que hacer a su propio riesgo, dado que poner a los padres en una situación incómoda cuando el niño está llorando o portándose mal sólo empeorará la tensión producida por la situación. La primera táctica que hay que intentar es la evasión: levántese de su silla y vea si hay otra silla disponible. De no ser así, pruebe los tapones para los oídos (manténgalos en su maletín de mano o pídale un par de tapones a la azafata). Podría pedirle a una azafata que intentara resolver el problema. (A veces pueden solucionar estas situaciones, pero no se confíe). O, de lo contrario, diríjase con mucha suavidad y educación a los niños que están portándose mal o a sus padres: "¡Disculpe, alguien está pateando la parte de atrás de mi silla!" Si tiene suerte, el padre (o el niño) se disculpará y dejará de torturarlo en esta forma.

LOS DIEZ PRINCIPALES ERRORES EN UN VUELO

Un comportamiento que incomode a los demás se convierte en una tortura intolerable cuando un grupo de pasajeros se encuentra encerrado durante horas y horas dentro de un tubo de aluminio. Se presentan problemas incluso antes o después de un vuelo. Las siguientes son algunas actitudes descorteses que deben evitarse.

Hacer pedidos absurdos a los encargados de atender el vuelo. Mantenga sus solicitudes dentro de límites razonables y siempre diga "por favor" y "gracias;" las personas encargadas de atender el vuelo no son sirvientes. Tratarlos en forma correcta significará también que estarán más dispuestos a ayudarlo si requiere algún favor.

Las conversaciones en un tono demasiado alto. Es una falta de educación publicar sus planes de fin de semana a todos los que puedan oírlo, al comentarlos en tono exageradamente alto con otros pasajeros. Es también una muestra de falta de educación bloquear los pasillos y pasar por encima de otros pasajeros para intimar con sus amigos. Baje el tono de voz y no obstruya los pasillos.

Pedir una bebida alcohólica. El alcohol se va más fácil a la cabeza en la altura; por lo tanto, no es de sorprender que los pasajeros ebrios sean los causantes de los casos de "ira aérea." Pase por alto el cóctel, o beba con moderación si no puede evitar hacerlo, y también estará en mejor forma para lo que lo espera o para quien lo espera al aterrizar.

Situaciones olorosas. Los olores fuertes son otra forma cruel de tormento para sus compañeros de vuelo. El exceso de perfume puede ser difícil de soportar al igual que el mal olor corporal. Si debe traer alimentos a bordo, cuide de que no se trate de un sándwich con ajo. Cambie el pañal oloroso del bebé en el cuarto de baño y no en la silla. Y, por favor, no se quite los zapatos para ventilar sus pies.

Abrirse camino a la fuerza para abordar o bajar del avión. No se abra paso a la fuerza por el pasillo en una loca y apresurada carrera por llegar a la silla que le ha sido asignada o para salir del avión cuando éste haya aterrizado. Además, tenga cuidado de no golpear a los demás pasajeros con su equipaje de mano (preste especial atención a cualquier morral o bolso que lleve colgado al hombro). Recuerde decir "Disculpe" o "Lo siento," en caso de que golpee a alguien.

60

Propinas para los Maleteros
en los Aeropuertos

PREGUNTA: Un tío, ya de edad, vendrá de visita; viaja solo en avión. He hecho los arreglos necesarios para que alguien lo reciba con una silla de ruedas en la puerta de llegada del aeropuerto y lo traiga hasta donde yo lo espero en el área del equipaje. ¿Debo darle propina a esa persona?

RESPUESTA: Sí, debe hacerlo; el monto adecuado es de $2 a $5. Si esa persona se esfuerza aún más, digamos, llevando la silla de ruedas de un extremo al otro del aeropuerto, el rango de la propina deberá estar hacia el extremo más alto.

¿A QUIÉN SE LE DA PROPINA EN UN HOTEL?

El Portero
Saca el equipaje del vehículo y lo lleva hasta el puesto de la recepción; pide un taxi para usted y le abre la puerta para que suba, en especial en los hoteles de lujo.

Propina: por llevar el equipaje, de $1 a $2; y de $1 a $4 por llamar un taxi (la propina debe ser más alta si llueve o si el portero tiene problemas para conseguir un taxi); no debe dársele propina por abrir la puerta.

El Dependiente de la Recepción

Lo registra y puede ofrecerle ayuda cuando le pida pequeños favores como, por ejemplo, direcciones e información acerca de la ciudad.

Propina: no es necesaria.

Botones

Lleva su equipaje desde la recepción hasta su habitación; también hace mandados como entregar faxes y paquetes en la puerta de su habitación.

Propina: de $1 a $2 por maleta, dependiendo de la calidad del hotel, pero no menos de $2 en total: de $2 a $3 por prestarle algún servicio.

Conserje

Ofrece una variedad de servicio, desde dar instrucciones hasta hacer reservaciones para la cena, en especial en hoteles de lujo.

Propina: ninguna por responder preguntas; de $5 a $10 (de inmediato, no al momento de salir del hotel) por servicios especiales, y un monto mayor por el milagro de obtener entradas para un espectáculo de teatro con la boletería agotada.

Ama de Llaves

Tiende la cama, cambia las toallas, limpia la habitación y el baño y a veces prepara las camas para la noche.

Propina: $2 por día en un hotel de nivel medio, de $3 a $5 por día en hoteles de lujo. De preferencia, se debe dejar una propina diaria en la habitación en lugar de esperar al último día; así se garantiza que la propina la reciba la persona que se encargó de prestarle esos servicios en ese día específico.

Valet

Estaciona y le trae su automóvil.

Propina: de $2 a $3 cada vez.

Camarero que Atiende el Servicio a la Habitación

Trae los alimentos a su habitación en hoteles que tienen restaurantes.

Propina: de 15 a 20 por ciento del total de la cuenta. Verifique la cuenta para ver si la propina está incluida (generalmente lo está, cuando se trata de servicio a la habitación). Pero no confunda esta propina (si la identifica como un "pago adicional") con un "cobro por entrega." El cobro por entrega no es lo mismo; de ese cobro, el mesero no recibe nada.

El Propietario de un Hotel de Alojamiento y Desayuno

Generalmente esta misma persona es el cocinero, el encargado de la limpieza y el guía de turismo de los huéspedes quienes, por lo general, reciben un trato más amistoso y familiar. A veces, los huéspedes disfrutan tanto su estadía y reciben un servicio tan amable que se lo agradecen a los dueños con una nota y un pequeño regalo.

Propina: no se requiere para los dueños. Si se trata de los empleados del establecimiento (el ama de llaves, el botones, los meseros en el comedor), estos deben recibir la misma propina que los empleados de un hotel.

✳

61

Alerta a los que Llegan Tarde: RSVP Cuanto Antes

PREGUNTA: Hace poco invité a cuarenta personas a un cóctel. Catorce de ellas no respondieron y de esas catorce, ¡ocho se presentaron a la reunión! ¿Por qué ya nadie responde a la solicitud de RSVP?

RESPUESTA: Es una falta de consideración, desafortunadamente común, que los invitados dejen de responder a las invitaciones que indican RSVP. Algunos lo olvidan; otros lo van dejando para después y luego se sienten culpables, por lo que demoran su respuesta aún más. Muchos de los anfitriones, al no recibir respuesta, tienen la impresión de que el invitado simplemente está esperando recibir, tal vez, una invitación "mejor." Lo triste del abandono de esta costumbre de RSVP es que las relaciones suelen deteriorarse debido a que quien invita siente frustración y se siente ofendido. Sin embargo, es correcto que los anfitriones llamen a sus amigos para confirmar si van a asistir o no a la reunión. Cualquiera que reciba una invitación tiene la obligación importante de responder lo más pronto posible.

¿QUÉ TAN TARDE ES DEMASIADO TARDE?

Se puede decir que ser *puntual* es una de las muestras más importantes de un comportamiento considerado. Después de todo, mantener esperando a los demás es una pérdida de tiempo, una forma poco respetuosa de interactuar. Con frecuencia Emily Post escribía acerca de la importancia de no llegar tarde, sobre todo en cuanto a las citas. En la edición de 1960 de su libro de *etiqueta* aconseja: "La mujer debe estar lista a tiempo; no es cierto que deba mantener a su admirador esperando." ¿Cuál es la etiqueta de ser puntual? En pocas palabras: ¡serlo! Ya se trate de una relación social o de negocios, no llegar tarde indica respeto por el otro.

A una entrevista de trabajo. Cualquier tardanza es excesiva si realmente desea el trabajo.

A una reunión o cena de negocios. Lo dicho—su tardanza no sólo es una pérdida de tiempo para usted sino para todos los involucrados. No es una forma inteligente de hacer negocios.

A una invitación a cenar. Las costumbres varían según la región; desde llegar a tiempo hasta llegar de diez a quince minutos tarde. Además, es de mala educación llegar demasiado temprano—es posible que tome por sorpresa a su anfitrión y lo encuentre aspirando su hogar, en bata.

A una cita en un restaurante. Aún si la persona que hace la invitación a almorzar o a cenar es tolerante, es de mala educación llegar más de cinco minutos tarde.

Para ir al cine o a una obra de teatro con amigos o con quien esté saliendo. Programe llegar al menos cinco o diez minutos antes de que suba el telón. Llegar después de la hora de la función puede estropear toda la velada.

A una cita con el médico o con el estilista. No espere que lo atiendan si no llega a tiempo. Llame con anticipación y, si es necesario, reprograme la cita si considera que va a llegar más de cinco minutos tarde. Ajustarse a su tardanza podría significar desorganizar todas las citas de su médico o su estilista por el resto del día.

A una ceremonia de boda. Debe llegar al menos diez minutos antes de que empiece. Ninguno de los invitados vino para verlo a usted avanzar por la entrada central de la Iglesia. Si llega tarde, después de que las madres de los novios ya estén en sus lugares, mantenga un bajo perfil, ingresando por la entrada lateral y sentándose en una de las últimas bancas. Si llega tan tarde que teme tropezarse con la novia cuando ésta haga su entrada a la Iglesia, espere afuera hasta que la comitiva haya hecho su ingreso.

A un cóctel o a una recepción con numerosos invitados. Una demora de diez, quince (o a veces hasta treinta minutos o más) está muy bien para estas reuniones en las que los invitados entran y salen a cualquier hora.

12

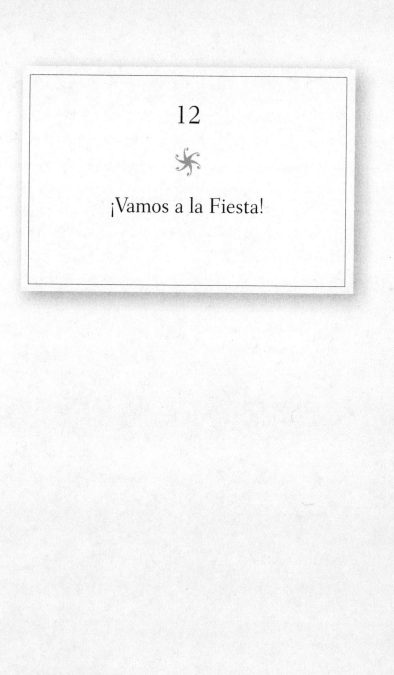

¡Vamos a la Fiesta!

62

Los Invitados Desatentos

PREGUNTA: A mitad de una cena que preparé para algunos amigos, uno de los invitados pidió salsa picante diciendo: "Esto está insípido; me gustan las cosas realmente picantes." Pensé que era muy desatento, pero no dije nada. ¿Está bien que uno de los invitados critique la comida?

RESPUESTA: Una cosa es pedir con mucha educación que le pasen la sal, la pimienta o la salsa picante, después de haber probado la comida; otra es hacer una crítica tan flagrante del plato que le han servido. El comentario del invitado fue descortés: felicitaciones por haber disimulado su disgusto. Una buena anfitriona tiene que ponerse a la altura de las circunstancias y actuar con distinción ante los malos modales de un invitado, para evitar que todos se sientan mal. Claro está que, tiene la prerrogativa de tachar a ese invitado de su lista para futuras reuniones.

CÓMO TRATAR A LOS QUE LLEGAN TARDE

PREGUNTA: En una ocasión organicé una cena que estuvo a punto de convertirse en tragedia cuando varios de los invitados llegaron tarde. No sabía qué hacer, e intentaba decidir si esperar o servir—y no faltó mucho para que se dañara la entrada, como resultado de la demora. ¿Qué se hace cuando los invitados a cenar llegan tarde?

RESPUESTA: No debe permitir que quienes llegan tarde desorganicen su programa o arruinen la cena para los demás. Puede demorarse hasta quince minutos, a lo sumo, en servir la cena y, si después de esto no han llegado todos los invitados, quienes lleguen tarde podrán comer lo que quede de lo que ustedes estén comiendo. Si llegan durante el postre, sin embargo, puede ofrecerles el primer plato en primer lugar. Asegúrese de ser amable con quienes llegan tarde, sin criticar su tardanza.

✳

63

Opciones Vegetarianas

PREGUNTA: Soy vegetariano. Cuando me invitan a cenar, ¿debo indicárselo de antemano al anfitrión? ¿Qué debe hacer mi esposa, que es alérgica a ciertos alimentos?

RESPUESTA: Definitivamente, hay que mencionar cualquier alergia que pudiera ser causa de una reacción grave. Cuando llame o escriba para aceptar una invitación, explíquele a su anfitrión: "Nos encantaría ir a cenar con ustedes, pero debo decirle que Becky tiene una alergia mortal al maní." Las preferencias dietéticas como el vegetarianismo o una dieta baja en carbohidratos deben manejarse en forma diferente. Para las reuniones grandes, donde se sirve un buffet, y hay una gran variedad de alimentos de dónde escoger, acomódese a lo que haya disponible; sin embargo, si se trata de una reunión pequeña, si la cena es en su honor o si va a quedarse durante la noche como huésped, debe mencionar sus restricciones y ofrecer llevar un plato vegetariano para compartir con los demás. Diga: "Muchas gracias por la invitación. Debo informarte que soy vegetariano. Quisiera llevar un quiche si te parece bien." Así, su anfitrión no perderá tiempo preparando un alimento que usted no va a consumir ni tratando de pensar qué tipo de comida podría agradarle.

LA BIBLIA DEL BUEN INVITADO

Aún en la más informal de las reuniones, estas normas básicas de educación deben ser automáticas:

Responda de inmediato diciendo si asistirá o no (RSVP). Si demora su respuesta, hará más difícil la planificación para su anfitrión y parecerá como si estuviera esperando recibir otra invitación mejor. Aunque no se haya solicitado una respuesta a la invitación, es una muestra de consideración comunicarle a su anfitrión si asistirá o no.

Sea puntual. La puntualidad tiene distintos significados en distintos lugares, pero, por lo general, los invitados deben llegar muy poco después de la hora indicada en la invitación. Normalmente, "una tardanza elegante" significa una demora de no más de quince minutos. De hecho, llegar demasiado temprano es tan mala educación como llegar tarde. Si no le queda más remedio, dé una vuelta a la manzana, pero no sorprenda a su anfitrión llegando antes de tiempo.

Sea un participante bien dispuesto. Cuando su anfitrión diga que es hora de pasar al comedor, vaya directo a la mesa. Si se le pide que participe en un juego o que vea las fotografías del grado de Susie, acepte con educación y entusiasmo (aunque en su interior se muera de aburrimiento).

Ofrezca su ayuda. Si está en la cocina con su anfitrión mientras prepara algún plato, sugiera alguna tarea específica de la que pueda encargarse: "Si quieres, puedo ayudarte a picar los vegetales para la ensalada o a servir el agua en los vasos." Aunque su oferta sea rechazada, se apreciará su buena disposición. Al terminar la reunión, ofrézcase a ayudar a recoger los platos y a limpiar la cocina.

No se exceda. Abalanzarse sobre los aperitivos como si no hubiera comido en una semana no sólo es una actitud desagradable sino que deja menos comida para los demás invitados. Controle el consumo de cualquier bebida alcohólica dentro de un límite moderado.

Recuerde: la pulcritud cuenta. Esto significa muchas cosas, desde no dejar colas de langostinos sobre la mesa de centro de la sala a no ser un malcriado, desordenado si lo han invitado a quedarse durante la noche.

Agradezca dos veces a su anfitrión. La primera vez dígalo al final de la reunión. En algunas partes del país, se acostumbra dar las gracias una segunda vez por teléfono, al día siguiente, una costumbre que es muestra de amabilidad en cualquier parte. Se debe enviar una nota escrita si se trató de una reunión formal. De hecho, por informal que sea la reunión, una nota de agradecimiento por escrito es algo que siempre se agradece.

✳

64

Primero los Pies

PREGUNTA: ¿Está bien si pido a mis invitados que se quiten los zapatos en la puerta? La suciedad, la sal y el lodo que traen en los zapatos están arruinando mis pisos de madera y las alfombras que tengo a la entrada.

RESPUESTA: Sí, siempre que lo haga con cierta delicadeza. Ofrézcales pantuflas o medias antideslizantes para que no sientan frío ni se sientan incómodos de mostrar sus pies. Explíquelo en esta forma: "Espero que no les importe quitarse los zapatos—el hecho es que así evito la suciedad que entra en la casa en esta época del año. Escojan unas pantuflas." Sea flexible, si no conoce bien a sus invitados o si no está dando una fiesta para muchas personas, no se aplica la política de entrar sin zapatos.

SEIS FORMAS DE SER UN BUEN ANFITRIÓN

Para cualquier clase de reunión, hay ciertas cosas que un anfitrión debe tener en cuenta, aún antes de que comience la fiesta.

Hacer la invitación en términos claros. Incluir la información que los invitados necesitan en la tarjeta de invitación. ¿Se trata de una reunión informal o de una reunión formal? ¿Cómo debe ser el vestuario? Es posible que un invitado se beneficie sabiendo de antemano quiénes serán los otros invitados, algo que podrá mencionar cuando dicha persona llame a aceptar la invitación.

Programar bien la reunión. Elaborar cuidadosamente la lista de invitados es esencial para una reunión exitosa. Una vez hecha la lista, adelante todos los detalles que pueda, como limpiar y preparar alimentos y refrescos. (Reduzca el nivel de estrés sirviendo lo que sabe dará buen resultado.) Es opcional pero también puede preguntar con anticipación a los invitados a quienes no conozca bien si tienen alguna restricción en cuanto a alimentos o alguna alergia. Esto es lógico si va a invitar a una sola persona o si va a invitar a alguien a pasar unos días en su casa, o si esa persona va a ser uno de los invitados a una reunión pequeña. Prepare todo antes de que lleguen los invitados a fin de estar tranquila desde el comienzo de la reunión.

No pierda la calma. Dar una fiesta puede ser algo muy agradable, en especial si lo hace con sencillez. Obtenga la ayuda necesaria y no permita que sus invitados la vean agitada y cansada. Se sentirán mucho más a gusto si no tienen que preguntarse si le estarán causando demasiadas molestias.

Haga que los invitados se sientan bienvenidos en su casa. Asegúrese de que los invitados reciban una cálida recepción y se sientan bienvenidos durante el tiempo que dure la reunión. Esté pendiente de que cada invitado se encuentre lo más a gusto que sea posible. Si observa que alguno tiene un vaso vacío o que hay alguien que permanece solo, remedie esa situación lo más pronto posible y con la mejor sonrisa.

Sea flexible y amable. El soufflé se baja. Uno de los amigos llega tarde con un invitado inesperado. *¿El postre es un fracaso?* Tenga otra alternativa a mano. *¿Llegó un invitado inesperado?* Por descortés que resulte el que alguien llegue a su casa sin haber sido invitado dándole una desagradable sorpresa, sea amable. Ningún anfitrión bien educado echaría de su casa a alguien que no haya sido invitado.

Muestre su agradecimiento. Agradezca a sus invitados por haber venido y deséeles una buena noche. No olvide decir "Gracias" a quien le haya traído un regalo.

✳

65

El Dilema del Invitado que Sumerge Dos Veces el Mismo Aperitivo en la Salsa

PREGUNTA: ¿Cuál es la mejor forma de manejar al invitado que sumerge dos veces el mismo aperitivo en la salsa?

RESPUESTA: Si usted es la anfitriona y conoce bien al que ha cometido esta falta, en forma discreta y amable—pero enérgica—pídale que deje de hacerlo. Si este problema es algo que se acaba de presentar, retire la salsera, llévela a la cocina y con una cuchara saque la parte manchada. Si la salsa se ha echado a perder por completo, deséchela y saque una salsera nueva. Si no conoce bien a la persona que se comporta de esa forma, no diga nada, pero, con mucha discreción, llévese la salsera y deseche el contenido. Olvídese del asunto y disfrute la reunión. Si usted es un invitado, puede decirle en secreto a su anfitriona lo que acaba de ver. Y, naturalmente, absténgase de probar la salsa.

CÓMO LIMPIAR UN DERRAME EN EL ACTO

PREGUNTA: Si un invitado derrama algo sobre mi alfombra durante una fiesta, ¿es de mala educación limpiar el derrame de inmediato?

RESPUESTA: Sólo sería mala educación si usted dejara notar su ira o su disgusto por ese accidente. De lo contrario, el que se ocupe de limpiar la mancha será un alivio para todos, en especial si hace un comentario despreocupado, como "¿Ves? ¡No pasó nada!" No hay ninguna falta de educación en una acción de limpieza realizada sin demora y con elegancia.

66

Siempre Va a las Fiestas,
Nunca Ofrece Una

PREGUNTA: Cuando de fiestas se trata, siempre asisto a ellas, pero nunca doy una fiesta. ¿Es esto una falta de educación?

RESPUESTA: Es falta de educación no retribuir de alguna forma la invitación, pero esto no significa que sea necesario retribuirla de igual modo. Si no le gusta la cocina, y si su presupuesto lo permite, invite a un pequeño grupo de amigos a cenar a un restaurante o invítelos a un partido o a una obra de teatro. Otra alternativa es invitarlos a un cóctel o a tomar postre y café.

IRSE EN FORMA DISCRETA

PREGUNTA: Si no me estoy divirtiendo en una fiesta, ¿qué tan pronto me puedo ir sin parecer maleducada?

RESPUESTA: Si es un cóctel o una fiesta con muchos invitados, está bien irse después de permanecer allí durante aproximadamente una hora. Si se trata de una cena, debe quedarse durante toda la cena, dado que su anfitrión o anfitriona ha puesto la mesa y se ha tomado el trabajo de preparar la cena contando con usted. Luego, cuando la cena haya terminado, procure no irse inmediatamente después; quédese durante otra hora, o un poco menos. Si de hecho abandona una cena temprano, no olvide dar las gracias a su anfitriona y procure darle una explicación de su partida temprana, como un fuerte dolor de cabeza, o un gran trecho que conducir para llegar a casa.

✳

67

Cómo Mantener la Compostura
Bajo Presión

PREGUNTA: En nuestra familia acostumbramos dar gracias antes de las comidas. ¿Está bien decir nuestras oraciones cuando tenemos invitados a cenar?

RESPUESTA: Claro que sí. Uno de los gestos más amables que pueden hacer es incluir a sus invitados en las tradiciones familiares. La única excepción sería si pensaran que sus invitados podrían sentirse incómodos. Pero, por lo general, puede tranquilizarlos garantizándoles de antemano que no necesariamente tienen que participar. Cualquiera que no practique una religión o que pertenezca a una religión distinta debe permanecer sentado, tranquilo y en silencio, durante la oración de gracias. Estos invitados pueden practicar lo que se conoce como la "no participación discreta" en la oración, mientras que muestran respeto por las creencias de sus anfitriones.

MÁS DILEMAS EN LA MESA DEL COMEDOR

PREGUNTA: ¿Está bien pedirle a uno de los invitados que se encargue de decir la oración de gracias o es mejor que lo haga yo misma?

RESPUESTA: Es de buena educación pedírselo, pero debe hacerlo antes de que todos estén sentados a la mesa, así, la persona en cuestión tendrá la oportunidad de negarse si llega a sentirse incómoda ante la idea de decir esta oración, sin parecer antipática ante los demás invitados. También le dará tiempo de concentrarse, en lo que va a decir, en caso de que acepte su propuesta. Cuando hay un ministro o un rabino entre los invitados, será a él a quien debe pedirle siempre que pronuncie la oración de gracias. Claro está que, nunca debe forzar a nadie a recitar una oración de gracias en grupo, y ni siquiera a decir "Amén," especialmente si no proviene de una familia que acostumbre a hacerlo.

PREGUNTA: Tengo unos pocos amigos que rara vez toman alcohol o que son alcohólicos en recuperación y otros, como yo, que disfrutan de un cóctel o una copa de vino con la cena. ¿Puedo mezclar estas personas o debo invitarlos a reuniones separadas?

RESPUESTA: Se pueden mezclar los que beben con los abstemios, pero hay que tener especial cuidado de que los abstemios no se sientan incómodos. Tenga una buena provisión de bebidas no alcohólicas, como bebidas gaseosas, agua, soda, agua tónica y jugos de fruta, y sírvalos como lo hace normalmente. También podría ofrecer algunos aditamentos como rodajas de limón y lima, si piensa que pueden hacer más atractivas estas bebidas. Ofrezca también alternativas para acompañar las comidas, la mayoría de quienes no consumen alcohol pedirán agua, aunque también pueden disfrutar un café o un té helado. Si sirve champaña, enfríe una botella de jugo de uva espumoso. Muestre su consideración al disponer las cosas de forma que sus amigos alcohólicos en recuperación no tengan que pasar toda la cena al lado de alguien que no deja de hablar maravillas de un determinado vino, como por ejemplo un Pinot Noir.

PREGUNTA: Voy a ofrecer una cena para muchas personas y algunos de mis invitados nunca han venido a mi casa. No tengo tiempo de limpiar el segundo piso, ¿qué debo hacer si algunos quieren conocer toda la casa?

RESPUESTA: A menos que se trate de una fiesta para estrenar la casa, no necesariamente tiene que mostrar toda su casa. Sea muy franca e infórmeles que el segundo piso es territorio vedado. Esto lo puede hacer apagando todas las luces de los corredores y cerrando las puertas de todas las habitaciones. Los invitados educados saben que no deben abrir puertas cerradas ni entrar a lugares que no estén iluminados. Si alguien le pide que le muestre la casa, muéstrele el primer piso. Si ve a alguien que vaya hacia el área a la que no deben entrar, llame su atención hacia otro lugar—"John, íbamos a regresar al comedor en este momento. ¿Tuviste oportunidad de probar los langostinos?" De esta forma, le indica que debe regresar al área donde se celebra la fiesta. También puede decir algo más directo como: "La próxima vez que vengas, te muestro el segundo piso. Por ahora, es territorio vedado."

68

El Delicado Arte de Escoger los Vinos

PREGUNTA: No sé prácticamente nada acerca de los vinos, pero en una cena reciente para seis personas en un restaurante, el anfitrión me pidió que escogiera el vino. ¿Qué debía haber hecho?

RESPUESTA: Cuando lo ponen en evidencia, sea franco: "Me encantaría, pero sé muy poco sobre vinos, creo que eso te lo debo dejar a ti." No trate de fingir que puede hacerlo, porque podría terminar con un vino que no va con lo que están comiendo. Cuando tenga que elegir una botella de vino, no se avergüence de pedir ayuda. Saber combinar los vinos con los alimentos es algo difícil, incluso para quienes se dicen expertos. No dude en preguntar al mesero, al encargado de vinos o a otros invitados acerca del vino que sería más adecuado mientras repasa la lista: "¿Qué vino tinto creen que sería el mejor para los platos que hemos pedido?" Recuerde que no tiene que pagar un precio muy alto para obtener una botella de buen vino.

CÓMO SERVIR EL VINO EN CASA

Confíe en sus papilas gustativas. Si le parece que un vino sabe bien con un determinado alimento, sus invitados probablemente estarán de acuerdo. Procure encontrar una vinería con personal especializado que pueda hacerle recomendaciones con base en su menú y en su presupuesto. Consulte la opinión de sus amigos. Los buenos vinos no necesariamente tienen que ser costosos ni difíciles de conseguir; comprar el vino por cajas puede ser más económico. Tenga una lista de sus vinos y marcas favoritas como referencia para el futuro.

No tiene que servir un vino diferente con cada plato del menú, pero aún en cenas informales es agradable tener un vino blanco para los aperitivos y para la entrada, y un vino tinto para el plato principal, siempre que los vinos combinen con los alimentos.

El momento adecuado para destapar el vino y la temperatura adecuada para servirlo. Descorche el vino una media hora antes de servirlo para que pueda airearse, o "respirar." Es posible que quiera destapar el vino justo antes de que lleguen sus invitados a fin de poder probarlo y garantizar que sea de buena calidad. Por lo general, el champaña se abre, con mucho cuidado, en la mesa, y se sirve de inmediato. Para abrir la botella de champaña, inclínela en dirección opuesta a los invitados. Coloque una toalla pequeña sobre el corcho y *gire suavemente la botella*, no el corcho. Por lo general, los vinos blancos y rosados se sirven fríos mientras que el vino tinto se sirve a temperatura ambiente. Es posible que desee llevar el vino blanco a la nevera entre una y otra copa o tenerlo dentro de un balde con hielo en un lugar cercano.

Los tintos y los blancos. Tradicionalmente, los vinos blancos se sirven antes que los tintos y los vinos secos ("sec") antes que los dulces. Pero son los alimentos los que determinan con más frecuencia el tipo de vino que se debe servir. Por ejemplo, puede ser muy adecuado un vino ligeramente dulce con una entrada fuerte, algo dulce, como una langosta.

El vino tinto con la carne roja y el vino blanco con el pescado y las aves sigue siendo una pauta muy útil, pero no se trata de una regla inamovible. Cada alimento específico es el mejor indicador para decidir el vino que va a servirse. Por lo general, los vinos deben ser comparables a los alimentos en cuanto a "cuerpo" (relativa fuerza), para que el uno no opaque al otro. Los vinos corpulentos son mejores para acompañar los platos fuertes; los más suaves se sirven con alimentos más livianos.

✳

69

El Día del Grado

PREGUNTA: Se nos adjudican sólo seis invitaciones para el grado de secundaria de mi hijo. ¿Cómo debo dar esta noticia a los familiares que no podrán asistir? ¿Está bien que los invite a la fiesta de grado aunque no puedan asistir a la ceremonia de graduación?

RESPUESTA: Este es un dilema común en la época de grados. Debe explicar la situación a sus familiares. La mayoría entenderá. Invente algún plan. Tal vez sacar los nombres de un sombrero. O invite a uno de los abuelos de cada lado de la familia. "Mamá, hemos recibido sólo seis invitaciones para el grado de Matt. Jack, Susan, Bill y yo iremos sin lugar a dudas, por lo que tenemos que decidir a quiénes les daremos las dos entradas restantes. Es una situación difícil. Hemos pensado rifarlas, sacando los nombres de un sombrero. O ¿crees que papá estaría dispuesto a quedarse en casa para que tu y la mamá de Jack puedan asistir?" Invítelos a todos a la fiesta que dará después del grado y asegúrese de compartir todas las fotografías.

UN REGALO PARA QUIEN SE GRADÚA

- Si recibe una invitación a una ceremonia o a una fiesta de grado envíe o lleve un regalo.

- Las participaciones de una graduación no son lo mismo que las invitaciones a la ceremonia o a la fiesta de grado. Si recibe una participación, no tiene que enviar necesariamente un regalo, aunque tal vez decida hacerlo. Sin embargo, sí debe enviar una nota amable de felicitación.
- En muchas familias, el grado es un gran acontecimiento. Algunos padres incluso se esmeran en hacer regalos tan importantes como un automóvil o una computadora para el hijo o la hija que se gradúa. Ya se trate de un regalo extravagante o no, conviene elegir algo que tenga un valor duradero. Libros, certificados de acciones, maletas, una cámara de fotografía o joyas, son regalos que la persona que se gradúa agradecerá por mucho tiempo en el futuro.
- Debe enviar el regalo por correo o entregarlo personalmente.

70

Cómo Agradecer a los Compañeros de Trabajo

PREGUNTA: Hace poco, las personas que trabajan en mi oficina organizaron un baby shower para mí, después del trabajo. Me dieron un regalo en conjunto. ¿Cómo redacto una nota de agradecimiento?

RESPUESTA: Está bien enviar una nota de agradecimiento colectiva para un regalo colectivo, especialmente cuando han participado en él muchas personas—por ejemplo, tres o más. (Si solo dos o tres personas se unen para hacer un regalo, es mejor agradecerlo por separado). Redacte su nota comenzando con el saludo: "Queridos Amigos," y agradezca a todos el baby shower y el obsequio. Envíe la nota al gerente de la oficina, quien fue la persona que organizó la reunión, o a quien aparentemente actuó de comunicador, y esa persona deberá notificar a los demás el recibo de la nota. A veces, en estos casos, la nota se pone en la cartelera de la oficina para que todos puedan leerla.

CURSO BÁSICO SOBRE LOS BABY SHOWERS

Es difícil que no haya gran alboroto ante la noticia de un nuevo bebé, antes de que este pequeño paquete de amor llegue al mundo.

Por eso se organizan baby showers para los futuros papás. Los regalos para el bebé no solamente "facilitarán la vida de los padres" al satisfacer algunas de las necesidades que exige un nuevo miembro de la familia, sino que ayudará tanto a la familia como a los amigos a sentirse más relacionados con el gran evento.

Cuándo y cómo invitar para un baby shower. Por lo general, los baby showers se organizan de cuatro a seis semanas antes de la fecha prevista para el nacimiento del bebé. También pueden hacerse dentro de las primeras semanas después de que nazca. De hecho, algunos de los futuros padres prefieren esperar hasta después del nacimiento del bebé para recibir los regalos.

Las invitaciones se envían con tres semanas de anticipación a la fecha de la reunión. Los datos esenciales que deben incluirse en la invitación son el nombre de la madre (o los de ambos padres), la fecha y hora de la reunión, el nombre de la anfitriona y la solicitud de una respuesta de asistencia. Algunas anfitrionas incluyen sugerencias de regalos o información de la lista de regalos en la invitación, lo que representa una opción aceptable en la actualidad. Otras prefieren omitir cualquier información sobre los regalos pero tienen algunas sugerencias listas por si una invitada pregunta. Cualquiera de estas dos modalidades está bien.

¿Quién debe invitar? Habitualmente, las amigas cercanas, las primas, las tías, las cuñadas o las compañeras de trabajo de la futura mamá invitan al baby shower. Las invitaciones hechas por los familiares más cercanos del padre se consideraban egoístas porque los regalos son la parte más importante de estas reuniones. Sin embargo, los tiempos—y la logística—han cambiado y ahora cualquiera puede invitar a un baby shower siempre que haya una razón legítima para que lo hagan, no debe ser un amigo o un pariente lejano quien invite. Por ejemplo, algunos de los futuros padres viven lejos de su ciudad de origen y es posible

que sus madres o hermanos quieran organizar una de estas reuniones invitando a los amigos que vivan en dicha ciudad.

Los padres adoptivos. Los baby showers para un niño adoptivo—sea recién nacido, un bebé de meses, o uno que ya camine—son diferentes puesto que se organizan después de que el niño ya ha llegado a casa. La invitación debe incluir información acerca de la edad del niño, y, tal vez, la talla de ropa que usa.

Las madres solteras. Un baby shower para una nueva madre soltera constituye una buena forma de demostrarle que sus amigos y su familia la quieren y la apoyan.

Las abuelas. Cuando las abuelas se enteran de que una de las señoras de su grupo está próxima a convertirse en abuela, pueden organizar un "baby shower para la abuela." Los regalos se abren durante la reunión, ya sea que estén destinados para la futura mamá o para la abuela. Estos últimos incluyen artículos que ella pueda utilizar al cuidar a su nuevo nieto en su casa—juguetes, animales de peluche, libros de cuentos, baberos.

Baby shower con invitados que incluyen tanto hombres como mujeres. Es cada vez más frecuente que los hombres se incluyan como invitados en la lista de un baby shower—y algunos tienen tanta suerte que también organizan baby showers para ellos. Antes de programar una de estas reuniones, confirme con los futuros padres para saber qué clase de reunión prefieren.

¿No puede asistir? ¿Qué tal un regalo? No es necesario que haga un regalo si no puede asistir. De hecho, nadie espera que lo haga. Algunas amigas realmente cercanas de la futura mamá o de los futuros papás desearán, sin embargo, enviar un regalo a la reunión o entregarlo en algún otro momento. Es totalmente opcional.

Agradecimientos. Deben enviarse notas de agradecimiento por lo regalos a la mayor brevedad después de la reunión. Aunque se haya agradecido en persona y efusivamente a quien ha hecho el regalo, en el curso de la reunión, una nota manuscrita es esencial. (Una nueva costumbre: algunas anfitrionas han adoptado la modalidad de pedir a los invitados a la reunión que escriban sus nombres y direcciones en sobres para después enviar en ellos las notas de agradecimiento. Esta costumbre es totalmente inaceptable. Aunque la intención es facilitar las cosas, es algo incómodo para los invitados dado que sugiere que la homenajeada considera que escribir las notas de agradecimiento es algo dispendioso.)

✳

71

El Huésped que Desaparece

PREGUNTA: Cuando voy de visita a la casa de alguien durante un fin de semana ¿Cómo puedo excusarme amablemente durante un rato para que tanto mis anfitriones como yo tengamos unos momentos para estar solos?

RESPUESTA: Mientras no lo haga a la mitad de los preparativos para una cena o en medio de alguna actividad programada, probablemente hará feliz a su anfitriona de saber que cuenta con un rato para descansar, tomar una siesta, o simplemente no sentirse obligada a atenderla por un rato. Limítese a decir: "Jenna, todo este aire de mar me ha agotado—¿Te importaría si duermo una siesta?" o: "Si no me necesitas por una o dos horas, creo que sacaré mi computadora portátil y trabajaré un rato en el informe que debo revisar." O: "Esa hamaca se ve muy tentadora—si nadie la va a usar en las próximas dos horas o más, me encantaría aprovecharla mientras leo un libro que traje."

CÓMO SER UN HUÉSPED BIENVENIDO

1. **NO PREGUNTE NUNCA SI PUEDE TRAER SU MASCOTA.** Si viaja con su mascota, pregunte si hay un buen lugar para dejarla, cerca de la casa adonde la han invitado.

2. **TRAIGA UN REGALO Y NO DEJE DE ESCRIBIR UNA NOTA DE AGRA-DECIMIENTO.** Está muy bien si deja el regalo para enviarlo cuando haya regresado a su casa, o si invita a su anfitriona a salir a comer, en lugar de llevarle un regalo.

3. **QUE SU VISITA SEA CORTA Y AMABLE.** Antes de llegar de visita, informe a su anfitriona su fecha de llegada y la fecha en que se irá. Aprenda a interpretar las señales de su anfitriona, aunque una buena regla general es que su visita no dure más de tres noches. Cumpla las fechas previstas.

4. **COLABORE.** Tienda su cama, recoja sus cosas, y ayude en la cocina—a menos que su anfitriona no lo desee.

5. **TRAIGA SUS PROPIOS ARTÍCULOS PERSONALES.** No espere que el cuarto de huéspedes esté equipado como la suite de un hotel de cinco estrellas. Traiga su shampoo y sus pantuflas.

✳

72

Demasiados Huéspedes

PREGUNTA: Hace poco, mi esposo y yo nos trasladamos a una ciudad vacacional en el sur de California. Parece como si todas las personas que hemos conocido en la vida hayan resuelto venir a visitarnos. Ya estoy cansada de programar las visitas de los huéspedes y cambiar las sábanas de las camas. ¿Cómo puedo poner fin a esta situación?

RESPUESTA: Simplemente diga no. Si quiere conservar sus amistades, es mucho mejor decir directamente que no, en lugar de actuar como una anfitriona contrariada. Diga: "Estamos tan ocupados ahora con nuestros trabajos, que no estamos recibiendo a nadie hasta que las cosas se calmen." O: "No puedo comprometerme a nada en este momento, pero te puedo dar el nombre de un lugar muy agradable a poca distancia de aquí. Sería magnífico tenerlos cerca para salir a comer alguna noche." O: "Lo siento, pero mi familia vendrá para esas fechas." Asegúrese de que cualquier razón que dé para no recibir a sus amigos sea cierta. (De hecho, no tiene que dar ninguna razón, aunque el simple comentario de que no puede comprometerse a recibir a nadie puede hacer que la negativa sea menos brusca.) Cuando hable de su casa, asegúrese de no dar la impresión de que está invitando a sus amigos a venir a verla—la referencia más remota podría ser malinterpretada. Conviene establecer parámetros para la familia y para los amigos más íntimos. Aunque siempre estén bienvenidos, sigue siendo conveniente establecer fechas fijas de llegada y salida. Lo mejor es un límite de dos o tres noches.

CUANDO LOS HUÉSPEDES NO SE VAN

El problema de los huéspedes que se quedan más de lo previsto es tan común que ha sido el origen de muchos adagios durante siglos. Es probable que hayan escuchado esto: "Los huéspedes son como el pescado, ambos empiezan a oler mal después del tercer día." Un adagio portugués lo dice en términos más sutiles: "Siempre es agradable recibir visitas—si no cuando llegan, al menos cuando se van."

Entonces, ¿qué puede hacer? A continuación, encontrará unas cuantas ideas:

- Haga planes específicos desde el comienzo. Establezca las fechas de llegada y salida de sus huéspedes, en cada ocasión. Sea amable, pero también estricta en cuanto a las fechas. "¡Me encanta que puedan venir! ¿Qué opinan de venir por tres días, de sábado a martes? Avísenme las horas de llegada y salida de sus vuelos para saber si debo contar con ustedes para la cena del sábado."
- Asegúrese de que sus invitados sepan que usted ha disfrutado su visita, pero que tiene que reanudar su vida normal. (Nota: si su invitado debe quedarse por más tiempo debido a la cancelación de un vuelo o a otra circunstancia imprevista—sea comprensiva. Probablemente la situación sea más incómoda para él que para usted.)
- No se sienta obligada a seguir acompañándolo todo el tiempo.

- Mencione una hora y un evento específico: "Dan llega a casa el viernes, por lo que vamos a necesitar su habitación."
- Recuerde los momentos en que su huésped se ha mostrado desconsiderado con usted antes de hacerle una nueva invitación.

✳

73

El Huésped Consentido

PREGUNTA: La hija de mis vecinos se va a casar y esperan varios invitados que provienen fuera de la ciudad. Les hemos ofrecido alojamiento a una pareja. ¿Cuáles son nuestras responsabilidades como anfitriones?

RESPUESTA: Hable con sus vecinos y entérese de cuándo tomarán sus comidas con ellos y cuándo con ustedes. Por ejemplo, es posible que haya almuerzos y comidas programados para los invitados que vienen de otros sitios, pero que no tengan dónde desayunar. Si sus vecinos no invitan a sus huéspedes a desayunar, prepárese para ofrecerles esa comida. "Según me han dicho Mary y Sam, lo primero que tendrán mañana es el almuerzo, por lo que ustedes desayunarán con nosotros." Si usted no lo ofrece, es posible que sus huéspedes piensen que deben salir a buscar el restaurante más próximo tan pronto como se levanten. Conviene también indicarles dónde se encuentran las bebidas y decirles que pueden tomar las que deseen. Si ustedes no participan en las fiestas, piensen en la posibilidad de dar a sus huéspedes una copia de la llave de la casa para no tener que esperarlos levantados. Prepárense para suministrarles sábanas, toallas, paños para la cara y las manos e instrucciones sobre el uso de la televisión, indicarles dónde está la plancha y decirles dónde estacionar su automóvil.

LA HABITACIÓN DE HUÉSPEDES BIEN ADJUDICADA

En la Habitación de Huéspedes, o el Área Destinada para Dormir

- Una cama, un sofá-cama, una colchoneta o un colchón de aire, tendido con sábanas y fundas limpias.
- Una manta adicional a los pies de la cama.
- Una buena lámpara para leer.
- Un radio-reloj y/o un despertador.
- Una caja de pañuelos desechables en la mesa de noche.
- Un cesto para papeles.
- Ganchos para colgar la ropa en el closet.
- Un portamaletas, si dispone de uno.

En el Cuarto de Baño

- Toalla de baño, toalla para la cara, toalla para las manos y alfombra de baño limpios.
- Un jabón nuevo.
- Vasos para lavarse los dientes y tomar agua.
- Un rollo nuevo de papel higiénico en el dispensador y un rollo empacado en el gabinete.
- Una caja de pañuelos faciales desechables.

Detalles Agradables

- Un florero.
- Un calendario.
- Material para leer (revistas y libros cortos)
- Dos almohadas por huésped—una mediana y una blanda.
- Ganchos de madera para colgar la ropa, con barra o clips para colgar los pantalones y las faldas, y ganchos para colgar los vestidos.
- Un cepillo para la ropa, un rodillo para retirar la pelusa de la ropa, un alfiletero con ganchos de nodriza y alfileres corrientes.
- Shampoo, aceite para el baño y crema para las manos en el lavamanos.

- Cepillos de dientes nuevos, por si olvidaron los de ellos.
- Pastillas para el dolor de cabeza y el malestar estomacal en el gabi-nete de medicamentos del baño de huéspedes.

74

El Huésped que se Queda más Tiempo del Previsto

PREGUNTA: Mi esposa y yo dimos una fiesta la semana pasada y, para nuestra sorpresa, se quedó una pareja cuando ya todos se habían ido. No sirvieron de nada mis indirectas. ¿Cómo debí haber manejado la situación?

RESPUESTA: Está bien decir a los invitados que ha llegado la hora de irse. Limítese a ser sincero, dígales que disfrutó de su compañía, pero que tiene que levantarse temprano para ir al trabajo (o lo que sea que tenga que hacer). Empiece a indicar que la fiesta está llegando a su fin. Pregunte: "¿Ha alguien le gustaría un último trago antes de irse? ¿Alguien quiere café?" Una vez que se hayan servido los últimos tragos, comience a recoger los vasos y los platos. Si la mayoría comienza a irse, puede decirle a quien no muestre deseos de hacerlo: "¿Mark, puedo traerte tu abrigo?" O puede ser amablemente directo: "Mark, voy a tener que sacarte con la escoba en diez minutos, porque tengo que tomar un avión mañana temprano." Estos comentarios deben hacer que su invitado se vaya, son formas de pedirle que entienda mientras se le da la oportunidad de terminar su trago e irse como si ese hubiera sido su propósito, en primer lugar.

DETERMINAR EL MOMENTO CORRECTO PARA
UNA INVITACIÓN

Ya sea que esté enviando las invitaciones por correo o haciéndolas por teléfono, el momento de hacerlas es clave. Si se hacen tarde, es muy posible que su invitado tenga otro compromiso, si se hacen con demasiada anticipación, se pueden olvidar. Las siguientes indicaciones no están talladas en piedra, pero le darán una idea del momento en que deben enviarse los distintos tipos de invitaciones.

EL EVENTO	CUÁNDO HACER LA INVITACIÓN
FIESTA DE ANIVERSARIO BAS O BAT MITZVAH	*de 3 a 6 semanas de antelación*
FIESTA DE DESPEDIDA POR MOTIVO DE VIAJE	*con 1 mes de antelación* *desde el último minuto hasta con 3 semanas de antelación*
REUNIÓN INFORMAL	*el mismo día o con 2 semanas de antelación*
UN BAILE DE BENEFICENCIA	*con 6 semanas a 3 meses de antelación*
UNA FIESTA DE NAVIDAD	*con 1 mes de antelación*
UN CÓCTEL	*de 1 a 4 semanas de antelación*
UN BAILE DE PRESENTACIÓN EN SOCIEDAD	*de 3 a 6 semanas de antelación*
CENA FORMAL	*con 3 a 6 semanas de antelación*
FIESTA DE GRADO	*con 3 semanas de antelación*
FIESTA DE INAUGURACIÓN DE UNA NUEVA CASA	*unos días o hasta con 3 semanas de antelación*
CENA INFORMAL	*unos días o hasta con 3 semanas de antelación*

UN ALMUERZO O UN TÉ	*unos días o hasta con 2 semanas de antelación*
CENA DE ACCIÓN DE GRACIAS	*con 2 semanas a dos meses de antelación*
UNA BODA	*con 6 a 8 semanas de antelación*

✳

75

Protocolo Oficial

PREGUNTA: Estoy en el comité encargado de recaudar fondos para una cena a la que asistirán varios políticos y miembros del clero tanto locales como estatales. Necesito saber cómo invitarlos, cómo sentarlos a la mesa, cómo recibir y cómo presentar a los dignatarios.

RESPUESTA: Llame a la Oficina de Protocolo del Departamento del Estado (202-647-1735). Pueden responderle sus consultas específicas, dentro de una gama tan variada como el programa para una fiesta de grado de secundaria, como dónde ubicar en la mesa del comedor a un alcalde invitado a un banquete y cómo dirigirse a los distintos funcionarios del Gobierno de los Estados Unidos según sus cargos. Para el protocolo del gobierno estatal, llame a la Oficina del Gobernador en la capital de su estado: para miembros del gobierno local, póngase en contacto con la Oficina del Alcalde en su ciudad; y para el protocolo militar, llame a la rama de la fuerza militar correspondiente en su ciudad o estado.

"POR FAVOR, TOME ASIENTO"

En los almuerzos y cenas formales—a los que asisten funcionarios del gobierno u oficiales de las fuerzas armadas y diplomáticos extranjeros—el anfitrión o la anfitriona sienta a los invitados en la mesa del comedor según su rango, asegurándose de no ofender a ninguno de los otros invitados.

Tradicionalmente, los anfitriones se sientan en la cabecera y en la cola de la mesa, respectivamente. Si tienen amistad con varios de los invitados, pueden optar por sentarse a lado y lado de la mesa en los lugares centrales, uno frente al otro, donde podrán conversar con más facilidad con un mayor número de invitados. El siguiente es el protocolo adecuado de disposición de puestos en la mesa para los dignatarios:

- El invitado masculino de más alto rango se sienta a la derecha de la anfitriona.
- El que le sigue en orden de importancia se sienta a la izquierda de la anfitriona.
- La esposa del invitado de mayor rango se sienta a la derecha del anfitrión. Si se trata de una persona soltera, la mujer de mayor rango ocupa ese puesto.
- Las parejas que no ocupen cargos oficiales se sientan según el rango de sus esposos o esposas.
- Si el invitado de honor tiene un rango inferior al de otros invitados, hay varias opciones. En primer lugar, el anfitrión (o la anfitriona) puede ubicar al invitado o invitada de honor en un lugar más abajo en la mesa. Si el anfitrión no se siente cómodo con esa disposición, puede eliminar el problema absteniéndose de invitar a personas de mayor rango. O puede pedir al invitado de mayor rango que sea coanfitrión o que se excuse de ocupar su puesto para cedérselo al invitado o invitada de honor (siempre que el proponer estos cambios no resulte incómodo). En caso de tener un coanfitrión, el anfitrión acomoda a los invitados en dos o más mesas, presididas por cada uno de los coanfitriones.
- Una vez que el invitado de honor y el segundo funcionario en orden de importancia estén ubicados, los invitados que no tengan rango específico se acomodarán entre esos oficiales con rango.

- Por lo general, en la medida de lo posible, los puestos en la mesa se alternan entre hombres y mujeres.
- El anfitrión acomoda a los invitados que no son miembros del gobierno ni funcionarios oficiales por orden de edad, importancia social, logros personales e intereses mutuos con sus vecinos de mesa. El dominio de un idioma extranjero y/o los conocimientos de asuntos internacionales son otras consideraciones que hay que tener en cuenta cuando haya extranjeros entre los invitados.

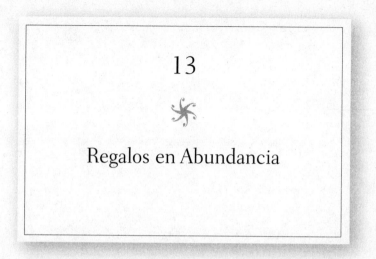

13

Regalos en Abundancia

76

¿Una Cena o Un Regalo?

PREGUNTA: Viajamos a Arizona a pasar unos días donde unos amigos durante un fin de semana largo. ¿Debo llevar un regalo o sería mejor invitarlos a cenar durante el tiempo que estemos con ellos?

RESPUESTA: Los huéspedes que llegan de visita deben esmerarse en tener detalles agradables con sus anfitriones. Ya sea un regalo o una invitación a salir a cenar, son detalles adecuados; ustedes deciden qué podría ser más agradable para sus amigos. Para una estadía de una sola noche, un pequeño regalo como una botella de buen vino, está muy bien. Si su estadía es más prolongada amerita un regalo un poco mejor. Pueden llevar el regalo para sus anfitriones en su maleta y entregarlo tan pronto como lleguen, o pueden comprarlo durante su estadía, cuando ya tengan una mejor idea de lo que su anfitrión podría necesitar. Una tercera opción es la de enviar un regalo lo más pronto posible después de haber estado allí. Si sus anfitriones tienen niños pequeños, es un gesto amable llevar a cada niño un pequeño regalo cuando vayan de visita. La otra alternativa para un "regalo" es invitar a sus anfitriones a salir a cenar mientras están de visita en su casa. De ser así, díganselo poco después de su llegada, indíquenles que quieren invitarlos a salir a cenar una noche, para que puedan programar la salida durante los días que ustedes estarán allí. Además ¡no lo olviden! No basta con el regalo para los anfitriones. Deben enviar una nota de agradecimiento manuscrita tan pronto como vuelvan a su casa.

LOS MEJORES REGALOS DE UN INVITADO

1. UN LIBRO DE LA LISTA DE BESTSELLERS QUE SEA DE INTERÉS PARA SU ANFITRIÓN.

2. TOALLAS DE MANO PARA EL CUARTO DE BAÑO DE HUÉSPEDES O TOALLAS DE PLAYA PARA ASOLEARSE.

3. PAQUETES DE SERVILLETAS DE CÓCTEL, TAL VEZ CON EL MONOGRAMA DE LA ANFITRIONA.

4. UN CALENDARIO DEL NUEVO AÑO PARA EL ESCRITORIO (ADECUADO PARA FINES DE OTOÑO O INVIERNO).

5. UNA BOTELLA DE LICOR O UN COÑAC QUE LE GUSTE AL HUÉSPED.

6. UNA BOLSA DE LONA RESISTENTE (PREFERIBLEMENTE SIN LOGOTIPOS).

7. IMPLEMENTOS CORRIENTES PARA LA COCINA, COMO PINZAS PARA PASTA O UN SEPARADOR DE HUEVOS, PARA LA QUE ES AFICIONADA A LA COCINA.

8. UNA DOCENA DE BOLAS DE GOLF PARA UN GOLFISTA.

9. COLECCIÓN DE HIERBAS Y ESPECIAS EN EMPAQUES AGRADABLES O UNA SELECCIÓN DE PIMIENTA EN PEPA, DE DISTINTOS COLORES (NEGRA, BLANCA, ROJA, VERDE).

10. UN MARCO PARA UNA FOTOGRAFÍA QUE HAYAN TOMADO DURANTE SU ESTANCIA, COMO UN REGALO QUE SE ENVÍA POSTERIORMENTE.

11. VELAS Y CANDELABROS INFORMALES.

12. UNA PLANTA PARA INTERIOR EN UNA TAZA SENCILLA PERO DECORATIVA.

77

"Gracias por su Nota de Agradecimiento"

PREGUNTA: Hace poco tiempo di una cena. Al día siguiente, una de las invitadas me envió un ramo de flores. ¿Debo darle las gracias por su detalle de agradecimiento?

RESPUESTA: Sí—para que sepa que su regalo fue entregado y que usted agradeció haberlo recibido. La mejor forma de expresar su "agradecimiento" es con una nota manuscrita, aunque bastaría con una llamada por teléfono o un correo electrónico. Si hubiera traído las flores al venir a la cena, sí habría necesidad de enviarle después una nota de agradecimiento debido a que tuvo la oportunidad de agradecerle su atención personalmente.

¿ESCRIBIR O NO ESCRIBIR
NOTAS DE AGRADECIMIENTO?

Nunca queda *mal* enviar una nota de agradecimiento manuscrita y todos la aprecian. ¿Por qué? Las notas manuscritas son la forma más cálida y especial de expresar su agradecimiento. La regla general es que debe enviarse una nota de agradecimiento manuscrita cada vez que reciba un regalo y que quien lo hace no se encuentre allí para que usted pueda agradecerle en persona. Sin embargo, estas notas no siempre son necesarias. Por ejemplo, si el regalo proviene de una persona muy amiga o un familiar (y no se trata de un regalo de bodas), puede enviarle un correo electrónico o darle las gracias por teléfono, si lo prefiere. Las siguientes son algunas normas adicionales para escribir notas de agradecimiento:

Regalos recibidos en un baby shower. Aunque la persona que le hizo el regalo haya asistido a la reunión en su honor y usted haya tenido la oportunidad de agradecérselo, debe enviarle de todas formas una nota escrita.

Regalos de boda. Cada uno de los regalos de boda debe agradecerse con una nota escrita dentro del término de tres meses de haberlo recibido. Es mejor, sin embargo, enviar estas notas lo más pronto posible después de recibir el regalo. Debe enviarse la nota aún si se le ha agradecido el regalo personalmente a quien lo hizo.

Regalos o tarjetas de felicitación. Cualquiera que le envíe un regalo o una tarjeta con un mensaje manuscrito, debe recibir una nota de agradecimiento.

Regalos recibidos durante una enfermedad. Deben escribirse notas de agradecimiento tan pronto como el paciente esté lo suficientemente recuperado—o una persona amiga o de la familia puede encargarse de escribir dichas notas. Está bien llamar a los amigos más cercanos por teléfono, en vez de escribirles.

Notas o regalos de condolencia. Cualquiera que haya enviado una nota personal, flores o una donación, debe recibir una nota de agradecimiento; un amigo cercano o un familiar puede escribir las notas a nombre del interesado.

✺

78

Qué Hacer con un Regalo
Desproporcionado

PREGUNTA: Mi cuñada me preguntó hace poco por qué no uso la chaqueta que me regaló para mi cumpleaños. Esquivé la pregunta porque no quería decirle que la devolví. ¿Qué debo decirle?

RESPUESTA: Cuando reciba un regalo que no es adecuado, tiene dos alternativas: sonreír y disimular o, en forma muy educada, preguntar a quien lo hace si le importaría que lo cambiara. Debido a que aquí ya actuó, ahora tiene que encontrar la forma de salir del problema. Tendrá que decirle a su cuñada lo que hizo. Empiece por expresarle de nuevo su agradecimiento para no herir sus sentimientos. Dígale: "Maggie, me encantó el color, pero el estilo no era el adecuado para mí. La cambié por este blazer. Espero que no te importe."

¿REDUCIR, REUTILIZAR, VOLVERLO A REGALAR?

En los años 90, los escritores de *Seinfield,* acuñaron el término *re-regalar*. Esta palabra forma ya parte del lenguaje diario actual—es, además, un tema muy discutido: ¿Es correcto regalar de nuevo un regalo que se ha recibido de alguien? ¿Es ético? La respuesta es un *sí* muy condicionado. Se puede re-regalar, aunque de forma excepcional y en circunstancias muy específicas, como las que se describen a continuación:

- Cuando esté segura de que se trata de un regalo que quien lo reciba va a disfrutar.
- Cuando el regalo sea nuevo (no se permite regalar cosas desechadas) y cuando venga en su empaque original, incluidas las instrucciones.
- Cuando no haya sido hecho a mano o no se trate de algo que quien lo regaló haya elegido con mucho cuidado.
- Cuando ni quien se lo dio ni quien lo reciba se puedan disgustar.

En otras palabras, debe *asegurarse de no herir sentimientos*—ni los de la persona que le hizo el regalo ni los de quien lo reciba de parte suya. Por ejemplo, si su cuñada le regaló un juego de copas para vino que usted no necesitaba, ¿cree que le importaría que usted se lo regalara a una amiga que acaba de comprar una casa? ¿Se conocen su cuñada y su amiga? ¿Sería una situación incómoda si alguna de las dos se enterara del origen y/o destino del regalo? ¿Habría alguna probabilidad de que su amiga quisiera cambiar las copas por alguna otra cosa y que si le preguntara dónde las compró, usted no pudiera decírselo? Cuando tenga dudas, no regale de nuevo lo que le han regalado.

Los siguientes son dos casos en donde estaría permitido reciclar un regalo:

- La cafetera de su hermana ha dejado de funcionar y pronto será su cumpleaños. Usted, que debe ceñirse a un presupuesto, recibió de regalo hace poco una cafetera idéntica a la que ya tiene. A su hermana siempre le ha gustado su cafetera. En vez de guardar la cafetera adicional en su alacena, usted la empaca en su caja original y se la da. Su hermana quedará encantada.

• Le han regalado el mismo libro dos veces. Su mejor amiga, con quien intercambia regalos de Navidad todos los años, es una admiradora del autor. Usted decide regalarle el libro para las fiestas. O, es posible que decida regalarle el libro sin necesidad de que sea por una ocasión especial, simplemente como un regalo fortuito, diciéndole: "He recibido dos veces el mismo libro como regalo, y quiero que tengas una copia." Un regalo "no oficial" de esta índole no necesariamente tiene que entregarse empacado.

Sólo usted puede decidir cuándo es correcto volver a regalar un regalo que le hayan hecho—y cómo hacerlo en forma adecuada. Cada situación debe considerarse cuidadosamente por separado y, en caso de duda, absténgase de volverlo a regalar. Cometer un error al hacer un regalo no compensa el ahorrarse el costo de una cafetera, por ejemplo. La puede mantener guardada o puede hacer una obra de caridad dándola como regalo a una organización o un albergue sin ánimo de lucro, donde sería utilizada y apreciada sin ambigüedad ni sentimientos heridos.

✳

79

Con las Manos Vacías al Momento en que Debería Hacer un Regalo

PREGUNTA: ¿Qué hago si alguien me hace un regalo y yo no tengo nada para esa persona?

RESPUESTA: No entre en pánico. Lo más importante ante todo es agradecer con entusiasmo el regalo a la persona que se lo hace. Luego, tiene una alternativa—puede conseguir o no un regalo para esa persona. Está muy bien limitarse a decir "¡Gracias!" y dejar las cosas así. (Sin embargo, sería un bonito gesto, aunque no estrictamente necesario, enviarle también una nota de agradecimiento.) Si decide regalarle algo a cambio, tenga en cuenta lo siguiente: podría estar dando inicio a una tradición de intercambio de regalos con dicha persona y tal vez no quiera avanzar por ese camino. Otra alternativa es tener algunos regalos agradables ya dispuestos para este tipo de situaciones. Si opta por esta última modalidad, asegúrese de que el regalo sea algo que usted esté segura que agradará a la persona que lo reciba.

CÓMO REACCIONAR ANTE UN REGALO
FEO O INÚTIL

Los regalos verdaderamente horribles. El reloj de cocina en forma de mapache. La lámpara de mesa con la figura del Tío Sam. El plato de colección con la imagen de las Cataratas del Parque Yosemite. ¿Cómo reaccionar ante un regalo que es un verdadero adefesio? Claro que lo que importa es la intención, pero a veces tenemos que preguntarnos, en secreto: ¿Qué demonios pensaba la persona que eligió el regalo? Piense lo que quiera, pero asegúrese de no herir los sentimientos de quien se lo dio. No debe responder de forma demasiado positiva. Además de una reacción poco sincera, cualquier indicación de entusiasmo podría significar que recibirá en el futuro una colección de platos con imágenes del parque Yosemite. Comentarios inespecíficos como "Esta pieza es única en su especie" y "¡Sin duda se te ocurren las ideas más originales!" son comentarios peligrosos, puesto que suelen interpretarse como un código del hecho de que no le agradó el regalo. Lo mejor es evitar cualquier descripción del regalo y simplemente enfatizar su agradecimiento: "¡Muy considerado de tu parte! ¡Gracias!"

Regalos duplicados. Si alguien le obsequia algo que usted ya tenga, o recibe dos regalos iguales durante una reunión, maneje la situación con tacto. Si ya tiene ese artículo y puede cambiar fácilmente el regalo repetido, está bien hacerlo sin que quien se lo dio se entere. Sólo absténgase de mentir si le preguntan cómo le pareció la batidora de mano. Mejor: "Me encantan esas batidoras, tanto así que ya tenía una y pensé que no te importaría si la cambiaba por un molino que siempre había querido. ¡Gracias por facilitarme la vida en la cocina!"

Regalos demasiado costosos. Si alguien le hace un regalo tan costoso que nunca podría retribuirle con algo del mismo nivel, su reacción dependerá de si se trata de un regalo personal o de negocios. Si es un regalo personal, debe decir algo como: "Rachel, esto es fabuloso, pero ¡realmente no has debido hacerlo! Me encanta el cachemir, pero espero que sepas que estaría igualmente feliz con cualquier cosa que venga de una amiga como tu." Así le agradece el regalo mientras que, al mismo tiempo, le lanza una indirecta con mucha distinción.

Si el regalo extremadamente costoso proviene de un socio de negocios, es inadecuado porque podría dar la impresión de un soborno o algún tipo de presión. Hágale saber que, aunque aprecia el que haya pensado en usted con tanta consideración, usted (o su compañía) tienen la política de sólo aceptar regalos pequeños de aquellas personas con las que hacen negocios. Algunas empresas publican resoluciones escritas que envían por correo a sus clientes y a otros asociados, indicando que los regalos que superen un cierto valor monetario no podrán ser aceptados por las personas de la compañía. Incluir una copia de esta resolución es una forma de decir: "¡Gracias, pero debo devolverle este regalo!" Y si es enviada en una nota manuscrita podría suavizar una situación comprometedora.

✳

80

"Es la Época de Dar Propina a Quienes Ayudan"

PREGUNTA: ¿Realmente tengo que dar un regalo en efectivo a todos los proveedores que prestan servicios? ¡Eso me dejaría en la quiebra!

RESPUESTA: No; ante todo, manténgase dentro de su presupuesto. Separe una parte de su presupuesto de la época de fiesta para propinas. Luego elija dos o tres proveedores de servicios cuyos servicios o personalidades le sean indispensables. Esta lista puede cambiar fácilmente de año en año. Para las familias jóvenes, una de esas personas puede ser la que les presta servicio de guardería o de niñera; para otras, la señora que hace la limpieza de la casa o la terapeuta que les hace los masajes. Siempre debe entregarse la propina en efectivo con una corta nota de agradecimiento manuscrita.

"¿A QUIÉN LE DEBO DAR PROPINA Y CUÁNTO?"

Es habitual, durante la estación de las fiestas, agradecer a las personas, a las que vemos y a las que no vemos, que nos ayudan a llevar una vida tranquila durante todo el año. Este "agradecimiento" por lo general se expresa en dinero en efectivo. ¿Quién debe recibir una propina y por cuánto? La respuesta varía según:

- La calidad y frecuencia del servicio
- Su relación con la persona que lo presta
- El lugar de residencia (estas propinas generalmente son más altas en las grandes ciudades)
- Cuánto tiempo llevan trabajando juntos
- Su presupuesto
- Hábitos regionales

Si usted da propina cada vez que recibe un servicio, puede pasar por alto el regalo de la época de fiestas o puede dar una cantidad menor de dinero. Debe incluir una nota de agradecimiento manuscrita, con el dinero—así el regalo se torna más personal y es una de las mejores formas de expresar el agradecimiento. Indique al proveedor cuánto le agrada lo que hace por usted.

Si su presupuesto es limitado, tome una actitud más conservadora. Elija dos o tres personas de cuyos servicios no podría prescindir y hágales algún regalo. Un detalle pequeño, o algo que usted misma haya preparado como galletas o una torta, con una nota de agradecimiento manuscrita, puede reemplazar un regalo en efectivo.

Al seleccionar regalos para la maestra, las personas que atienden la guardería, las niñeras y las encargadas de cuidar los niños mientras usted sale, haga que sus hijos escriban la tarjeta, le ayuden a elegir el regalo o lo entreguen. Es una excelente forma de enseñarles a expresar su agradecimiento.

Los montos de las propinas que se indican a continuación sólo pretenden ser una guía—cada situación es diferente, por lo tanto, debe ser su sentido común y el espíritu de los días festivos los que le indiquen el monto adecuado:

PARA LAS NIÑERAS *Una semana de salario, más pequeño regalo hecho por sus hijos.*

LA PERSONA QUE VIENE HABITUALMENTE A CUIDAR LOS NIÑOS POR LAS NOCHES MIENTRAS USTEDES SALEN	*El pago de una noche, más un pequeño regalo de sus niños.*
EL PELUQUERO	*El costo de un corte de cabello, más, posiblemente, un pequeño regalo.*
EL PERSONAL DEL SALÓN DE BELLEZA	*Entre $10 a $60 cada uno, de los que la atienden general mente, además de, posible- mente, unpequeño regalo.*
LA MAESTRA	*Regalos, no dinero en efectivo; cerciórese de cuál es la política del colegio. Algunas posibili dades: certificados de regalo para la cafetería o la librería; suministros para el aula de clase; un libro, un portarretrato, una canasta de frutas o de artículos gourmet; o un regalo en conjunto con los otros padres y los demás niños.*
A LAS PERSONAS QUE ATIENDEN LA GUARDERÍA	*Entre $25 a $70 cada uno más un pequeño regalo de su hijo. Si son sólo uno o dos prove edores, considere darles un regalo en dinero más generoso.*
A LA PERSONA QUE SACA A PASEAR EL PERRO	*El equivalente al pago de una semana*
AL ENTRENADOR PERSONAL DEL GIMNASIO	*El costo de una sesión*

A QUIENES ATIENDEN EL ESTACIONAMIENTO	*Entre $10 a $30 cada uno, dinero que se entrega al gerente del lugar quien se encarga de distribuirlo*
AL AMA DE LLAVES/A LA PERSONA QUE HAGA LA LIMPIEZA	*Un día de pago*
A QUIENES DISTRIBUYEN EL CORREO	*Los reglamentos de los Estados Unidos permiten que los carteros acepten regalos hasta por un valor de $20 cada uno*
AL MASAJISTA	*El valor de una sesión*
A LA NIÑERA	*El salario de una semana a un mes, según la costumbre del área donde usted viva, más algunos pequeños regalos de sus hijos.*
AL ENCARGADO DE ENTREGAR EL DIARIO	*Entre $10 a $30*
A LA ENFERMERA PARTICULAR	*Un regalo, no efectivo*
A LOS EMPLEADOS DE LA CASA PARA LA TERCERA EDAD	*Un regalo, no efectivo*
A QUIENES ENTREGAN LOS PAQUETES	*Pequeños regalos en caso de que le hagan entregas en forma regular (la mayoría de las empresas de entrega de paquetes prohíben los regalos en efectivo)*
A LA PERSONA ENCARGADA DE LIMPIAR LA PISCINA	*El costo de una limpieza*

A LAS PERSONAS DEL
  EDIFICIO DONDE VIVE:
  AL PORTERO   *De $10 a $80*
  AL ASCENSORISTA   *De $15 a $40*
  AL TODERO   *De $15 a $40*
  AL CONSERJE   *De $20 a $80*
A QUIENES RECOGEN Y   *De $10 a $20 cada uno por*
  RECICLAN LA BASURA   *servicio particular*
A QUIENES TRABAJAN EN EL
  ARREGLO DE PATIOS
  Y JARDINES   *De $20 a $50*

✳

81

Cómo Romper la Cadena de Regalos

PREGUNTA: Durante años he venido intercambiando regalos de Navidad con unos pocos amigos y parientes a los que no veo con tanta frecuencia. Procuro simplificar las cosas en la época de las festividades. ¿Hay alguna forma amable de indicarles que quisiera abandonar esta costumbre?

RESPUESTA: Sí, y no es tan difícil como piensa. Basta con ser sincera. Con bastante anticipación a la época navideña, escriba, llame por teléfono o envíe un correo electrónico para decirle a esa persona en especial: "Me encanta recibir tus regalos, pero con la situación económica por la que estamos pasando [o debido a la llegada del nuevo bebé, o al trabajo de redecoración, o a la razón que le parezca más lógica], ¿por qué no nos limitamos a enviarnos una tarjeta de Navidad este año? Escríbenos contándonos noticias de tu familia— será el mejor regalo de todos."

CÓMO SIMPLIFICAR LA COSTUMBRE DE DAR REGALOS

Los siguientes consejos le ayudarán a simplificar el hábito de dar regalos—y le devolverán la alegría a esta costumbre:

- **Lleve una lista de los regalos que debe comprar durante todo el año.** Incluya sugerencias o listas de cosas que sus amigos y personas más cercanas desean para su cumpleaños o para la Navidad o las fiestas, así como las ideas que puedan ocurrírsele. Esté atenta a detectar aquellos objetos cuando salga de compras o cuando examine los catálogos o visite los sitios web.

- **Confíe en su buen juicio.** Olvídese de la idea de que el regalo tiene que ser perfecto. Si cree que a la persona le va a gustar, probablemente así será.

- **Manténgase dentro de su presupuesto.** Gastar más de lo que debe le roba la satisfacción al hábito de dar regalos.

- **Compre los objetos cuando los vea.** Si hace compras en julio y ve un suéter que a su madre le encantaría para la Navidad, cómprelo. Lo más probable es que ya no lo encuentre en diciembre.

- **Mantenga unos cuantos artículos guardados en el closet para regalos de emergencia.** Sólo asegúrese de que sean cosas buenas.

14

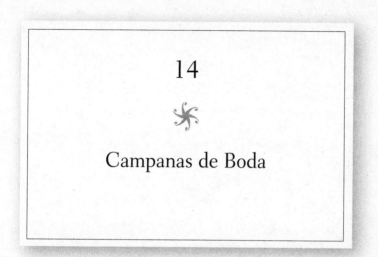

Campanas de Boda

82

Regalos de Compromiso

PREGUNTA: Me han invitado a la fiesta de compromiso de una amiga ¿Debo llevar un regalo?

RESPUESTA: Antiguamente, se daban los regalos durante la fiesta de compromiso, y esa costumbre sigue siendo válida. Sin embargo, en algunas partes del país, se ha convertido en obligación llevar regalos a las fiestas de compromiso. Si no está segura de si debe llevar o no un regalo a la pareja que se compromete, es correcto preguntar a la anfitriona (o a un organizador de bodas local) cuál es la costumbre—es decir, si debe llevar o no un regalo. Además, es frecuente que aún en áreas donde se acostumbra a hacer regalos para esta ocasión, las parejas prefieran no recibir regalos en ese momento, y piden a la persona que esté organizando la fiesta que informe a los invitados que "no se aceptan regalos" cuando llamen a confirmar su asistencia. Aunque en el área donde usted viva no sea habitual dar regalos, o aunque sea una fiesta en la que se indique que "no habrá regalos," los amigos íntimos y los familiares suelen hacer, de todas formas, regalos de compromiso. De ser así, deben dar el regalo a la pareja en un lugar distinto a aquel donde se celebra la fiesta de compromiso. El regalo de compromiso no debe ser costoso ni muy elaborado. Una idea común es cualquier cosa que pueda constituir el comienzo de una colección para la pareja, como un libro de cocina o una buena botella de vino. O, si se trata de una amiga íntima de la novia, por lo general, el regalo será algo para ella—una joya, una pequeña caja de bonitas y finas esquelas, o tal vez ropa interior si el regalo proviene de una amiga o una persona de la familia.

"FAVOR NO TRAER REGALO" (¡FAVOR CUMPLIR ESTA INDICACIÓN!)

Habitualmente se espera recibir regalos en muchas ocasiones—especialmente en las fiestas de cumpleaños o aniversarios—pero cuando los homenajeados realmente no desean recibir regalos, habrá que respetar sus deseos. Anteriormente, cualquier referencia a regalos en una invitación se consideraba de mal gusto, porque se suponía que los invitados sabían en qué ocasión traer o no traer regalos. Sin embargo, en la actualidad, por lo general está bien que la invitación indique "Favor no traer regalos"—excepto en las invitaciones a una boda. (Esto se debe a que la invitación a una boda se considera muy especial y la costumbre de hacer regalos a la pareja en esta ocasión está tan arraigada que inclusive la simple mención de los regalos le quita énfasis a la invitación, dándole más importancia al regalo.) Sin embargo, a la luz del actual desenfreno de dar regalos por todo, es una cortesía para con los invitados informarles, en cualquier ocasión, a excepción de una boda, que no se esperan regalos. Las normas de etiqueta indican que en el borde inferior se debe incluir la indicación "Favor no enviar regalos," o se debe informar a los invitados que no deben traer regalos cuando la invitación se haga por teléfono o personalmente.

Lo importante es lo siguiente: cuando reciba una invitación que indique "Favor no enviar regalos" tome esta indicación en serio. Llegar con un regalo en estas ocasiones sólo incomodaría a la persona que invita o a la persona homenajeada; además, otros invitados que, actuando de manera correcta, no trajeron nada, se sentirían incómodos. Si desea hacer un regalo o tener un detalle de afecto, hágalo en otro momento.

✳

Regalos de Boda: ¿Qué tan Tarde es Demasiado Tarde?

PREGUNTA: He oído decir que hay un año de plazo después de la boda para enviar un regalo a la pareja. ¿Eso es cierto?

RESPUESTA: No. Los regalos deben entregarse en la fecha más próxima a la boda. La mayoría de los invitados realmente envían los regalos antes de la boda, aunque algunos los envían también, unos pocos días después del evento. Los regalos de boda pueden enviarse desde el momento en que se reciba la invitación.

DISIPANDO LOS MITOS SOBRE LAS BODAS

Mito: las invitadas y las damas de honor nunca deben usar negro ni blanco en una boda.

La Nueva Actitud: en la mayoría de los casos, las mujeres deben usar negro o blanco para asistir a una boda. Si decide usar blanco, no use nada que pueda parecerse a un vestido de novia, para no competir con el de ésta. Si va a usar negro, busque algo que sea muy chic, no como para un entierro. Tenga en cuenta la hora en la que se realizará la boda. El negro es más adecuado para una boda formal, que se celebra en la noche y no para una boda que se celebra, por ejemplo, a mitad de la tarde, en un jardín.

Mito: la pareja de recién casados debe estar de pie para saludar a la fila de invitados, uno por uno.

La Nueva Actitud: no es necesario que los invitados hagan fila para saludar a los novios; pero sí es necesario que la pareja salude a todos y cada uno de los invitados. Si la logística o la hora hacen que resulte imposible saludar a los invitados que hacen fila uno por uno, o si la pareja prefiere no hacerlo, pueden saludar individualmente a los invitados visitando sus respectivas mesas. Es evidente que esto se logra con más facilidad cuando la boda se celebra con pocos invitados (setenta o menos).

Mito: ni la madre de la novia ni la madre del novio deben invitar a una fiesta de regalos.

La Nueva Actitud: a veces, es más lógico que un miembro de la familia inmediata invite a una fiesta de regalos. Se veía como algo motivado por el interés propio, pero, ahora, tanto los amigos como los parientes pueden estar tan retirados que suele ser más práctico que un miembro de la familia de cualquiera de los dos lados invite a una fiesta de regalos para una novia que viene de visita desde otro lugar.

Mito: las damas de honor representan a la novia y los padrinos representan al novio.

La Nueva Actitud: tanto las novias como los novios que quieren hacerle el honor a una persona especial en sus vidas—ya sea familiar o amiga—pueden elegir una dama de honor o un padrino en lugar de que las damas de honor o los padrinos sean elegidos por los novios, respectivamente. Un hombre o una mujer puede ser nombrado por la pareja del sexo opuesto. Los deberes se adaptan de acuerdo con el sexo, puesto que un hombre, por ejemplo, ¡no ayudaría a la novia a vestirse!

84

Invitar a los Compañeros de Trabajo

PREGUNTA: ¿Está bien invitar a algunos compañeros de trabajo a mi boda, sin invitar a todos los que trabajan en el departamento?

RESPUESTA: Sí, si lo hace de forma muy diplomática. Los compañeros de trabajo con los que usted no tiene ninguna relación no deben esperar recibir una invitación, pero asegúrese de que todos sepan desde el comienzo que la lista de invitados será limitada para que nadie se sienta defraudado. Procure no hablar demasiado de su boda antes de la misma para evitar herir sentimientos. Si su relación con el jefe es bastante estrecha, invítelo. Es un acto de cortesía que demuestra que valora su amistad y él lo apreciará.

CÓMO HACER LA LISTA

Límites de categoría. Evite herir sentimientos dividiendo su lista de invitados en categorías e invitando sólo a algunos de ciertos grupos. Por ejemplo, puede invitar tías y tíos pero no primos. Si el número de invitados es realmente limitado, elimine en su totalidad el segundo nivel de invitados, como los compañeros de trabajo con los que nunca intercambia una conversación o los amigos del gimnasio. Limítese a sus categorías sin excepción y nadie se sentirá ofendido.

No incluya a los compañeros de trabajo. Cuando el espacio es realmente limitado, una opción es no incluir a ninguno de los compañeros de trabajo. Esto puede reducir considerablemente la lista y también contribuye a que la boda sea más íntima. Por otra parte, puede invitar únicamente a su jefe y a las personas que le colaboran directamente a usted. Los demás compañeros de trabajo entenderán que sólo puede invitar un determinado número de personas.

Cuidado con los propósitos de retribución de sus padres. No permita que sus padres insistan en retribuir todas las invitaciones que han recibido en el pasado para asistir a una boda. Su boda no debe ser el instrumento que les ayude a cumplir sus obligaciones sociales.

Incluya los invitados a la fiesta de regalos. Cualquiera que sea invitado a una fiesta de regalos también debe estar invitado a la boda, con muy pocas excepciones, como las compañeras de trabajo que, sin haber sido invitadas a la boda, han organizado una fiesta de regalos en su honor, en la oficina. Tenga cuidado al elaborar las listas de familiares o parientes invitados a las fiestas de regalos.

Hable con sus amigos que viven lejos. Llámelos y pregúnteles si piensan que podrán venir a la boda. De no ser así, esto puede permitirle invitar a otras personas. (Una nota importante: en realidad, los amigos y familiares cercanos que indiquen que no podrán asistir también deben recibir una invitación, de todas formas. Aunque no estarán presentes en la boda, es probable que se sientan ofendidos si no la reciben.)

✳

85

Sólo Efectivo

PREGUNTA: Mi novio y yo estamos cerca de los treinta y hemos estado viviendo juntos durante los últimos dos años. No necesitamos artículos para el hogar, pero estamos ahorrando para la cuota inicial de una casa. ¿Hay alguna forma correcta de indicar a los invitados que preferimos que nos regalen dinero en vez de vajillas y sábanas?

RESPUESTA: La forma más amable y efectiva de indicar que lo que quieren es dinero, es pasar la voz. Es buena idea que la pareja se lo hagan saber a sus padres y a los dependientes del sitio donde tiene registrada su lista de regalos, como es su caso, para que todos sepan que prefieren recibir efectivo. Sin embargo, no olviden que el invitado es quien decide lo que va a regalar y ustedes no deben indicar qué debe ser. Si les preguntan directamente, digan: "Estamos ahorrando para la cuota inicial de una casa, por lo tanto, si quisieran darnos un cheque, lo destinaremos a ese fin, aunque lo que ustedes decidan estará bien. Gracias por pensar en nosotros." Los regalos en efectivo son absolutamente aceptables, siempre que el invitado considere que es buena idea; a algunas personas simplemente no les gusta dar dinero. Por eso conviene abrir una lista de regalos tradicional, aún si sólo se incluyen en ella unos pocos objetos, para que los invitados tengan una idea de lo que realmente necesitan o de las cosas que les gustan.

NUEVA TENDENCIA EN LAS INVITACIONES DE BODAS

Lista de Luna de Miel

¿QUÉ ES ESTO?

Estas listas, disponibles a través de muchas agencias de viajes, permiten que los invitados contribuyan con dinero para el viaje de luna de miel de la pareja.

¿ES ADECUADA UNA LISTA DE LUNA DE MIEL?

Claro que sí, pero no esperen que todos los invitados se apunten a ella. Algunos pueden sentirse más cómodos ofreciendo un regalo tradicional o regalando dinero en efectivo. Conviene tener también otra lista de regalos, además de esa.

¿CÓMO HACER PARA QUE SE SEPA?

Para informar a los invitados acerca de su lista de boda es mejor hacerlo a la antigua, pasando la voz. Espere a que alguien le pregunte o se lo pregunte a algunos de sus familiares o amigos. Conviene decir en dónde tiene su lista de boda. Si alguien se lo pregunta, una respuesta amable sería incluir no sólo los nombres de los almacenes sino unas palabras de agradecimiento como: "Lo que ustedes escojan estará bien. Gracias por pensar en nosotros." Algunos enlaces discretos a los lugares de las listas de boda en su sitio web para la boda son también muy convenientes. Asegúrese de conseguir una agencia de viajes reconocida y confiable que le notifique todos los regalos en efectivo y los nombres de quienes los hacen.

Lista de Caridades

¿DE QUÉ SE TRATA?

Las parejas que no desean recibir regalos piden a sus invitados que hagan donaciones a una entidad de beneficencia o a una entidad sin ánimo de lucro.

¿CONVIENE INCLUIR ESTE TIPO DE LISTA DE CARIDADES?

Sí, es una forma especial en la que las parejas, sobre todo aquellas que ya tienen sus hogares establecidos, dan un carácter social a su unión. Es totalmente aceptable, siempre que se eviten las causas políticas o muy controversiales. Debido a que algunos invitados querrán hacer de todas formas un regalo tradicional, elijan al menos unos cuantos artículos e inclúyanlos en una lista de regalos de boda en un almacén. Si alguien decide no utilizar la lista de entidades de caridad, y prefiere hacer un regalo tradicional o entregar directamente el dinero, expresen su agradecimiento con tacto y amabilidad.

¿CÓMO HAGO PARA QUE SE SEPA?

Algunas entidades de beneficencia tienen listas formales; para otras, tendrá que pedir a sus invitados que se comuniquen directamente con la organización. Dé a sus familiares y amigos la información sobre los contactos para las entidades de beneficencia que usted considera adecuadas y pídales que informen a los demás cuando les pidan sugerencias acerca de los regalos. Estas organizaciones les notificarán qué donaciones fueron hechas en su nombre.

¿DEBEN ENVIARSE NOTAS DE AGRADECIMIENTO, O ES ESO RESPONSABILIDAD DE LA ENTIDAD DE BENEFICENCIA?

Siempre se debe enviar una nota manuscrita de agradecimiento a cada invitado que haga un regalo. Debe hacerse tan pronto como sea posible.

Lista de Regalos en un Almacén Alternativo

¿QUÉ ES ESTO?

Es una lista de regalos en un almacén especializado, como uno que venda artículos para remodelación de hogares, artículos deportivos, artículos para ir de campamento, o muebles para el hogar.

¿ES ADECUADO HACER UNA LISTA DE REGALOS EN UN ALMACÉN ALTERNATIVO?

Claro que sí. Una boda es una ocasión para dar regalos y no hay nada de malo en hacer una lista de artículos que les gustaría tener, aunque no sean artículos tradicionales de una lista de bodas. Por ejemplo, las parejas que ya tienen sus hogares establecidos suelen preferir listas de artículos destinados a sus pasatiempos o intereses; eso está muy bien.

✳

86

Esfuerzo Sin Reconocimiento

PREGUNTA: Hace cuatro meses asistí a una boda y di como regalo a la pareja un cheque. El cheque fue cobrado, pero ¡ya han pasado cuatro meses y aún no he recibido una nota de agradecimiento! ¿No es demasiado tiempo?

RESPUESTA: Sin duda, la queja más común de parte de los invitados a las bodas tiene que ver con el envío de las notas de agradecimiento. Cuando un invitado se toma el trabajo de elegir cuidadosamente un regalo y luego no ocurre nada—a veces durante meses—comienza a preguntarse si los novios recibieron o no el regalo y, si lo recibieron, por qué no lo han agradecido con una nota manuscrita. Estas notas deben escribirse lo más pronto posible—al menos dentro de los tres meses siguientes. Si pasan tres meses después de que la pareja haya recibido el regalo y usted no ha recibido una nota de agradecimiento, es correcto preguntar a la nueva esposa, o al nuevo esposo, o a alguno de sus padres, si el regalo llegó. Si tiene suerte, un suave codazo trasmitirá su mensaje y sabrá si su regalo fue recibido y apreciado.

QUÉ DEBE Y QUÉ NO DEBE HACERSE AL
AGRADECER LOS REGALOS DE BODA

La siguiente lista de verificación ayudará a que los recién casados eviten los errores comunes que se cometen al escribir las notas de agradecimiento y les ayudará a redactar agradecimientos más expresivos:

Personalice sus notas, mencionando tanto a la persona que hizo el regalo como el regalo en sí.

Muéstrese entusiasta, pero realista en los elogios. Absténgase de decir que es el mejor regalo que haya recibido, a menos que realmente lo piense. La sinceridad cuenta.

Refiérase al uso que dará a los regalos recibidos en efectivo. Mencionar la cantidad es opcional.

Recuerde que un regalo debe agradecerse con la misma cortesía y espíritu de generosidad con el que fue hecho.

No envíe cartas formato, ni tarjetas con mensajes impresos que sólo lleven su firma. No use correo electrónico ni envíe agradecimientos genéricos a través de su sitio web, a menos que después envíe notas manuscritas y personalizadas a la mayor brevedad.

No mencione el hecho de que piensa devolver o cambiar un regalo ni tampoco dé indicación alguna de que no le agradó.

No diseñe su nota de acuerdo con el valor que considere que tenga el regalo. Nadie debe recibir una nota escrita a la carrera, por salir del paso.

No incluya fotos de la boda ni utilice tarjetas con fotografías, si esto demora el envío de las notas de agradecimiento.

No utilice su tardanza como una excusa para no enviar notas. Aunque ya hayan cumplido un año de casados, quien hizo el regalo aún merece su agradecimiento por escrito, no mencione su tardanza ni se disculpe por ella.

87

El Dilema de las Bodas Pequeñas

PREGUNTA: Mi novio y yo pensamos casarnos el próximo verano en España. Hemos limitado el número de invitados a treinta y alquilamos una villa en la que sólo cabe ese número de huéspedes. Sin embargo, algunos amigos y familiares que no habíamos pensado invitar, ya han hecho comentarios como: "¡No vemos la hora de ir a España!" y "Estoy ahorrando para la boda" ¿Cómo podemos decirles que no estarán invitados?

RESPUESTA: No demoren en indicar el tamaño de la boda. Sean sinceros y digan: "Vamos a tener una reunión muy pequeña—el número de invitados está limitado a treinta." Piensen muy bien a quién van a invitar. Para no herir sentimientos, dejen de incluir en la lista categorías completas (como los compañeros de trabajo o los que no son primos). Todos deben entender su situación. Piensen en la posibilidad de realizar otra reunión cuando regresen; así sus amigos y familiares que no viajaron tendrán la posibilidad de brindar por su felicidad.

CÓMO INVITAR A UNA BODA EN OTRO PAÍS

Si piensa pedir a sus invitados que viajen a algún lugar para asistir a su boda, entre más pronto comparta con ellos sus planes, mejor. Los costos del viaje pueden ser astronómicos si el lugar que han elegido para la ceremonia es una isla exótica o un pueblo en otro país. Estos detalles deben comunicarse a los invitados con la anticipación suficiente para permitirles hacer arreglos de viaje más económicos, y prever, con tiempo, su ausencia del trabajo, o tal vez, inclusive, programar unas vacaciones para la época de la boda. Es posible que además requieran tiempo para obtener los pasaportes. Esto no significa que tenga que enviar las invitaciones con un año de anticipación—la invitación oficial debe enviarse, como es habitual, de seis a ocho semanas antes. Una llamada telefónica, un correo electrónico, una nota o una tarjeta con la leyenda "reserve la fecha" enviada de cuatro a seis meses antes será todo lo que los invitados requieran para comenzar a hacer sus planes. Pueden, inclusive, informarles la fecha con anterioridad, para que puedan programar su asistencia con tiempo.

Es también importante que sus invitados conozcan los detalles de los costos cuando les pidan que asistan a su boda en el exterior. Si bien los novios son responsables de los gastos de alojamiento de quienes asistan a la fiesta y algunos inclusive cubrirán también los costos de viaje—hay otros costos que los invitados tendrán que cubrir por su cuenta. Estos pueden incluir el transporte y la mayoría de las comidas. Podrían decirles, por ejemplo: "¡Nos casaremos en Las Bermudas! Si pueden hacer el viaje, nos encargaremos de sus gastos de alojamiento. Hemos alquilado varias pequeñas villas, donde se pueden alojar todos los invitados. Esperamos que puedan llegar el miércoles y quedarse hasta el sábado para aprovechar y gozar a la vez de unas pequeñas vacaciones." Deben saber qué gastos corren por cuenta de ellos a fin de decidir si podrán asistir o no.

✳

88

Exceso de Brindis

PREGUNTA: Varios de nuestros amigos se han ofrecido a hacer brindis en nuestra boda. Me encantaría que todos ellos tuvieran la oportunidad de hablar, pero no me gustaría aburrir a los otros invitados. ¿Qué debo decirles?

RESPUESTA: Habitualmente, el padrino hace el primer brindis en la recepción. Luego, la costumbre es que los padres de los recién casados hagan un brindis para dar mutuamente la bienvenida a las familias políticas y a los invitados, y para expresar su felicidad. La dama de honor puede también querer hacer un brindis, así como otros invitados, incluyendo a la novia y al novio. Después de esos brindis, estaría bien si uno o dos amigos hicieran un brindis a la novia y uno al novio. Sin embargo, hay que explicar que estos brindis deben ser cortos y en términos formales. Los brindis que contienen largas anécdotas o chistes son más adecuados para la cena del ensayo o para las despedidas de soltero (¡si las hubiese!). En ese ambiente, sus amigos se sentirían más a sus anchas para hacer brindis—y los invitados se mostrarán menos intranquilos.

NORMAS PARA HACER BRINDIS

1. EL PADRINO BRINDA PRIMERO, LUEGO SIGUEN LOS PADRES DE LOS RECIÉN CASADOS, LA DAMA DE HONOR Y CUALESQUIERA DE LOS INVITADOS, LUEGO LA NOVIA Y EL NOVIO. EL ÚNICO BRINDIS OBLIGATORIO ES EL DEL PADRINO; DESPUÉS DE ESTE, LOS BRINDIS DEPENDEN DE LAS PREFERENCIAS PERSONALES.

2. SI NO SE LE PIDE QUE HAGA UN BRINDIS, PODRÁ HABLAR CUANDO TERMINEN LOS BRINDIS OFICIALES; PERO ASEGÚRESE DE QUE SUS PALABRAS SEAN CORTAS Y AMABLES Y, DE PREFERENCIA, DEBE PEDIR A ALGUIEN—AL PADRINO, A LA NOVIA, O AL NOVIO—PERMISO PARA HACERLO.

3. EL CHAMPAÑA ES LA BEBIDA TRADICIONAL PARA BRINDAR, PERO LOS INVITADOS PUEDEN BRINDAR CON CUALQUIER BEBIDA QUE DESEEN—CON SODA, CON BEBIDAS GASEOSAS, O CON JUGO.

4. SI VA A HABLAR, PÓNGASE DE PIE. SI EL BRINDIS ES A LOS NUEVOS ESPOSOS, ESTOS PERMANECERÁN SENTADOS. LOS NOVIOS NUNCA BEBEN CUANDO EL BRINDIS ES POR ELLOS.

5. MANTENGA SU BRINDIS BREVE Y ELEGANTE. UNA SIMPLE MANIFESTACIÓN DE APRECIO, BUENOS DESEOS Y AGRADECIMIENTO ES ABSOLUTAMENTE ADECUADA.

89

"El Sobre, Por Favor"

PREGUNTA: Acabo de recibir una invitación a la boda de un buen amigo. ¿Cómo hago para saber si puedo llevar a mi novia?

RESPUESTA: La respuesta está en el sobre. Si allí aparece el nombre de su novia, o si después de su nombre se ha incluido "e invitada," ella está invitada. Si el sobre (el externo, el interno, o ambos) lleva sólo su nombre, usted irá solo. Con frecuencia, debido a la limitación de cupos o de presupuesto, las parejas no se pueden dar el lujo de invitar a sus amigos solteros con sus acompañantes. Es indispensable respetar sus deseos. Asegúrese de responder sin demora indicando si asistirá o no. Si usted y su novia se han comprometido antes de la fecha de la boda en cuestión, puede comunicárselo a los futuros esposos y ellos, por educación, deben incluir a su prometida en la lista de invitados.

EL COMPROMISO DEL INVITADO A LA BODA

Antes de la Boda...

Deberán responder de inmediato confirmando su asistencia. Una respuesta pronta ayuda a que la pareja pueda tener claros sus planes. Indicar que "no pueden asistir" es tan importante como confirmar que "asistirán gustosos."

Enviar un regalo. Ya sea que asistan o no, los invitados tienen la obligación de enviar un regalo. (Con una excepción: es posible no enviar regalo si se trata de la invitación a una boda de alguien a quien no haya visto en muchos años.) Al enviar un regalo, es mejor hacerlo en las proximidades de la fecha de la boda, entre el momento en que se recibe la invitación y unos días después de la boda. La idea de que se puede esperar todo un año antes de enviar un regalo de bodas es un mito urbano.

Durante la Ceremonia...

Respetar el carácter sagrado de la ocasión. Hablar en voz muy alta, saludar o intercambiar ideas con los amigos en tono exagerado, tomar fotografías con flash y no apagar los teléfonos celulares son cosas que pueden perturbar la ceremonia. Quienes asistan a la ceremonia deben permanecer en silencio y apagar los celulares y los buscapersonas.

Participaré en la ceremonia hasta el punto en que mi propia religión y la de la ceremonia lo permitan. Si la ceremonia incluye una misa o comunión y decide no participar, permanezca en su sitio. De lo contrario, póngase de pie cuando los demás lo hagan y siéntese cuando todos se sienten. No es necesario que se arrodille ni que repita las oraciones que van en contra de sus creencias.

No me presentaré a la ceremonia ni a la recepción con un invitado sorpresa, ya se trate de un amigo o amiga, de un niño u otro familiar. Debe respetar la intención de los novios y los anfitriones. Esto significa que los nombres en el sobre de invitación son los de las personas que están invitadas ¡no más! No está bien visto imponer la asistencia de su hijo "perfecto" o su enamorado más reciente.

En la Recepción...

No tomaré el micrófono para cantar mi canción favorita, ni trasmitiré anécdotas ni chistes, por divertidos que me parezcan. Es posible que la novia o el novio le pidan que haga un brindis. Si no lo hacen, no insista. Otra cosa que debe recordar: hay que dejar espacio para los novios en la pista de baile. No sea uno de esos invitados que invade la pista o que permite que sus niños (si están presentes) se roben el show.

No cambiaré de lugar las tarjetas que indican la ubicación de las personas en las mesas en el salón de la recepción. En vez de hacer eso, muéstrese atento y amable con la persona que los novios hayan elegido para sentar cerca de usted. Y tampoco se ponga de pie y espere a que se haga una presentación formal entre usted y el otro invitado. Preséntese e incluya una explicación: "Soy la tía de Laurie, vengo de Hawai" o "Jen y yo fuimos compañeras de cuarto en la universidad."

Seré amable y ayudaré a los demás invitados si lo requieren. Es una muestra de cortesía de los hombres que estén en la mesa, pedir a una mujer soltera que salga a bailar con ellos en algún momento durante la recepción y que cualquiera se ofrezca a ayudar a un invitado mayor, o que tenga alguna limitación, como por ejemplo, cuando la comida sea un buffet.

A la Hora de Irse...

Sabré cuándo ha llegado el momento de retirarme Cuando llegue la hora, será necesario irse. Lo sabrá, porque será cuando los novios salgan para su luna de miel y la orquesta deje de tocar.

No me llevaré el adorno del centro de la mesa. A menos, claro está, que la anfitriona insista en que lo haga. Tampoco debe recoger las cajas de fósforos ni pedir que le empaquen lo que haya quedado en su plato, para llevárselo a casa.

✳

90

Cómo Agilizar el Proceso

PREGUNTA: ¿Cómo puedo, de forma educada, hacer que los invitados que entablan conversación con los novios y detienen la fila de saludo sigan su camino?

RESPUESTA: Una línea de saludos no es lugar para entablar una larga conversación. Si el invitado es conversador, conviene que los padres de los novios, la novia o el novio, lo interrumpan con delicadeza y le digan: "Nos encanta que hayas venido—permíteme presentarte a... " para hacer que continúe su camino. O, cualquiera que esté ayudando en la recepción (el administrador del lugar o un asistente de ceremonias de boda profesional) puede estar atento a impedir que la fila de saludo se detenga.

VENTAJAS Y DESVENTAJAS DE LAS FILAS DE SALUDO

¿Debe haber una fila para saludar a los novios? No, aunque suele ser una buena idea. Si hay setenta y cinco invitados o más en la fiesta, tal vez sea la única oportunidad de hablar con cada uno personalmente. Una fila de saludo es la oportunidad de agradecer a cada invitado su asistencia.

¿Cuándo puede omitirse la fila de saludo? Si su lista de invitados es corta y tendrán tiempo de saludar a todos y cada uno. Si su lista de invitados es extensa (setenta y cinco o más) y están seguros de que tendrán tiempo de saludarlos uno a uno, pueden pasar por alto la fila para el saludo. Un caso en el que pueden pasar por alto esta práctica es cuando se combina el momento de los saludos con la toma de fotografías, lo cual significa que los invitados tendrían que esperar una hora o más sin nada que hacer. No es correcto dejar a los invitados en el limbo. Basta con asegurarse de saludar a todos y cada uno de ellos, en algún momento durante la recepción. Además, el DJ o el director de la orquesta podría presentar a los invitados a la fiesta, junto con los padres de los novios, para que así todos puedan saber quién es quién.

¿En qué momento debemos iniciar la fila de saludo? Por lo general, es lo primero que se hace cuando llegan los novios al lugar de la recepción. También puede hacerse en el sitio donde se lleve a cabo la ceremonia del matrimonio, inmediatamente después del servicio, cuando la pareja posa para las fotografías formales, antes de salir para la recepción.

¿Qué deben hacer los invitados con sus cócteles? Nadie debe pasar a saludar a los novios y a sus padres con cócteles o alimentos en la mano. Debe haber una mesa cerca, al comienzo de la fila, para que los invitados puedan dejar allí sus copas y sus platos.

¿Quiénes reciben los saludos de la fila de invitados? Por lo general, la pareja de recién casados, sus padres, la madrina de la novia y posiblemente las damas de honor. El orden básico de la línea de quienes reciben a los invitados es, habitualmente, primero los padres de la novia (la madre y luego el padre), la madre y el padre del novio, los novios y la madrina. Si desea que sus damas de

honor saluden también a los invitados, éstas deben ubicarse al final de la línea. No es necesario que los padres de los contrayentes estén en la línea de personas que reciben a los invitados; sin embargo, si los padres de la novia forman parte de ese grupo, los padres del novio también deberán estar allí. En una boda militar, el protocolo dispone que el novio, uniformado, esté de pie frente a la novia.

¿Qué decir de las damas de honor y los niños? Es absolutamente aceptable que las damas de honor estén en la línea de las personas que reciben a los invitados, aunque no es obligatorio que lo hagan, sobre todo si la línea es larga. Los niños pequeños—las niñas que llevan las canastas de flores, los pajecitos que llevan los anillos y los niños encargados de llevar la cola del vestido de la novia—no forman parte de esta línea; sin embargo, si hay hijos de la novia y/o el novio y si tienen la edad suficiente y desean hacerlo, pueden participar.

¿Cómo deben pasar los invitados por esta línea? Tan rápido como sea posible, deteniéndose sólo el tiempo suficiente para recibir el saludo de los anfitriones, expresar sus buenos deseos a la novia y felicitar al novio.

✳

91

¿Quién Puede Dar una Fiesta de Regalos?
Curso Básico de Fiesta de Regalos
para la Boda

PREGUNTA: Mi madre dice que en una época se consideraba inadecuado que la madre de la novia diera una fiesta de regalos. Sin embargo, es la única que tiene una casa lo suficientemente grande como para ofrecer este tipo de reunión. Está dispuesta a hacerlo, ¿por qué habría de ser inadecuado?

RESPUESTA: No. Por mucho tiempo se ha considerado que va contra las normas de etiqueta que los miembros de la familia ofrezcan fiestas de regalos porque podrían interpretarse como algo que se hace en provecho propio. Sin embargo, ahora es frecuente que los miembros de la familia se ofrezcan para organizar este tipo de reuniones, especialmente cuando el sentido común indica que ésta sería la solución. Por ejemplo, es posible que la novia esté visitando a sus futuros suegros y que la madre o la hermana del novio quieran invitar a sus amigos y familiares para que la conozcan. También es posible que los invitados a la boda vivan en distintos sitios del país y que resulte difícil ubicar un lugar geográfico donde todos puedan reunirse y celebrar. Deben ser las circunstancias individuales las que determinen quién debe ser la anfitriona de una fiesta de regalos.

FIESTA DE REGALOS PARA LA NOVIA
¡Y TAL VEZ PARA EL NOVIO!

¿Cuándo se organiza una fiesta de regalos? El momento ideal es de dos meses a dos semanas antes de la boda—una vez que la pareja tenga ya los planes de boda bien definidos.

¿Deben las damas de honor ofrecer fiestas de regalos? Contrario a lo que erróneamente se cree, *no es obligatorio* que las damas de honor ofrezcan una fiesta de regalos. Uno de los deberes de una dama de honor es, si así lo desea, ofrecer una fiesta de regalos.

¿Las invitadas a una fiesta de regalos tienen que estar invitadas a la boda? Sí, habitualmente así es; cualquiera que sea la invitada a una fiesta de regalos debe estar también invitada a la boda. La excepción es la fiesta de regalos que ofrecen las compañeras de oficina a la novia, aunque no estén invitadas a la boda.

¿Cuántas fiestas de regalos pueden haber? Como regla general, dos es el límite, con distintas invitadas a cada una. Sin embargo, las personas más cercanas a la novia pueden recibir invitaciones a más de una fiesta de regalos, aunque sólo se espera que lleven regalos a la primera.

¿Cuántas personas pueden invitarse? La anfitriona es quien corre con los gastos y ofrece el espacio para la reunión; por lo tanto, es ella quién decide el número de invitadas. Las fiestas de regalos deben ser reuniones íntimas—no una fiesta que compita con la boda.

¿Puede haber fiesta de regalos para la pareja? Las fiestas de regalos tanto para la novia como para el novio se han vuelto populares en la actualidad y las fiestas de regalos sólo para el novio han sido un fenómeno reciente. Las fiestas de regalos para la pareja

pueden ser por temas: algunos ejemplos incluyen camisas de dormir y pijamas, cocina gourmet y regalos para actividades al aire libre.

¿Puede la anfitriona incluir en las invitaciones a la fiesta de regalos información sobre los almacenes donde la novia tiene lista de regalos? Sí. Es correcto que la anfitriona incluya esta información en la invitación. Sin embargo, no hay que olvidar que el regalo depende totalmente de lo que la invitada elija.

¿Es posible ofrecer una fiesta de regalos a una novia que se casa por segunda vez? Sí. Si la novia ha estado casada anteriormente, puede organizarse una fiesta de regalos en su honor, aunque es mejor no invitar a los amigos y parientes que hayan asistido a una fiesta de regalos para su primera boda. Si la novia se casa por primera vez pero su novio ha estado casado anteriormente, es evidente que se puede organizar una fiesta de regalos en su honor.

¿Fiestas de regalos para parejas del mismo sexo? La decisión de si organizar o no este tipo de reunión, depende de la pareja. Las normas son las mismas, cualquiera que sea el sexo de los futuros contrayentes.

❉

92

"¿Por Qué No se Invita a los Niños?"

PREGUNTA: Deseo tener una boda sólo para adultos, aunque me preocupa que mi cuñada insista en traer a mis tres sobrinos. ¿Cuál es la forma correcta de informarle que sus niños no están invitados?

RESPUESTA: La decisión de si incluir o no incluir a los niños es suya y de su novio—y nadie tiene el derecho de insistir en traer a una boda niños que no hayan sido invitados. Si realmente está pensando en una boda sólo para adultos, no deje que su cuñada la obligue a incluir a sus tres sobrinos. Cuando no se invitan niños, la forma correcta de comunicarlo es escribir sólo el nombre de los padres tanto en el sobre externo como en el sobre interno de las invitaciones. No incluya en las invitaciones la indicación "Favor no traer niños."

LOS NIÑOS Y LAS BODAS

Uno de los temas más discutidos al programar una boda es si se deben invitar o no a los niños. Hay quienes piensan que los niños no deben estar en una boda, o que pueden constituir una distracción para los invitados que pretenden participar en un ritual para adultos. Otros no pueden siquiera imaginar la celebración de una boda sin la presencia de niños. A continuación se presentan algunas normas generales sobre el tema de invitar—o no invitar—niños a una boda:

Cómo establecer los límites al invitar niños. Una opinión es que debe establecerse un límite con base en la edad—por ejemplo, invitar a los niños de diez años para arriba. Otras ideas incluyen invitar únicamente a los niños de los miembros más cercanos de la familia y/o a los niños que forman parte de la celebración, aunque esto último puede resultar complicado. En cualquier caso, una vez que se tome la decisión, no debe haber excepciones, puesto que podrían herirse más sentimientos por una excepción que si se cumple estrictamente lo decidido.

Cómo explicar que la fiesta es "sólo para adultos." Hay que iniciar una campaña proactiva para que se sepa que la boda será sólo para adultos. Este hecho debe comunicarse a amigos y parientes. Será necesario pedirles que ayuden a difundir esta información. Tal vez quieran, inclusive, incluir una nota para los amigos y familiares que pueden disgustarse por su decisión, explicando que, por razones de costo, espacio y/o el carácter formal del lugar donde tendrá lugar la reunión, es imposible incluir a los niños. Desafortunadamente, algunos invitados optarán por ignorar (o sinceramente malinterpretarán) la educada omisión de los nombres de sus hijos en el sobre de la tarjeta de invitación y escribirán o llamarán para anunciar que vendrán con sus niños. Será necesario hablar directamente con los padres. "Lo siento, Jan, pero no vendrá ningún niño a la boda. No podríamos hacer una excepción y aceptar que vinieran Susan y Kurt." Si la respuesta es una airada reacción de "Entonces nosotros tampoco iremos," que así sea. Quienes están incumpliendo las normas de etiqueta son los invitados, no ustedes. Por otra parte, sean comprensivos y tengan en cuenta que la exclusión de los niños puede significar que algunos amigos y familiares tal vez no puedan asistir a la boda.

Cómo hacer los arreglos necesarios para recibir a los niños. Si deciden incluir a los niños en la fiesta de bodas, habrá que hacer algunos arreglos especiales para ellos. Encontrar formas de mantenerlos ocupados podría resultar muy divertido. Algunas parejas de novios reservan un "salón para niños" en el lugar donde se realizará la recepción, lo arreglan con una variedad de juegos y juguetes y contratan personal especializado para que se encargue de cuidar a los pequeños. Procuren que haya una proporción razonable entre adultos y niños de forma que los padres se sientan a gusto con la disposición. Pueden pedir al encargado de los adornos florales que haga una piñata llena de juguetes baratos. O pueden disponer una mesa especial para los niños, con libros para colorear y regalos, en el salón de la recepción. Pueden incluir en el menú algunos platos especialmente adecuados para niños. Una última opción: busquen nombres y números de teléfono de unas cuantas niñeras en el área. Ofrezcan esta información a sus invitados provenientes de otras ciudades que tal vez quieran contratar una niñera para que cuide a sus hijos durante el tiempo que dure la recepción de la boda—ya sea en la casa de un familiar o en el hotel donde se esté alojando la familia.

93

Cómo Anunciar... Una Boda

PREGUNTA: ¿Cuál es la diferencia entre una participación y una invitación a una boda? ¿Quién debe recibir participación de la boda?

RESPUESTA: Las participaciones son simplemente eso—participan la noticia de que se ha realizado una boda. Las participaciones no representan ninguna obligación para quien las recibe; no es necesario enviar un regalo a cambio. (La invitación a una boda, por el contrario, sí implica la obligación de enviar un regalo, ya sea que la persona invitada asista o no a la boda.) Las participaciones de una boda no son obligatorias, pero son una forma práctica de informar a los amigos con los que no se ha tenido contacto desde hace mucho tiempo, a los clientes de negocios, a quienes viven demasiado lejos para poder asistir a la celebración, y a los amigos cercanos que no se pueden incluir en la lista cuando tanto la boda como la recepción son íntimas. Las participaciones no se envían a nadie que haya recibido una invitación.

CÓMO ENVIAR Y REDACTAR
EL ANUNCIO DE UNA BODA

Por lo general, las participaciones se envían por correo uno o dos días antes de la boda; pero las circunstancias pueden retrasar su envío hasta varios meses después, lo cual sigue siendo aceptable. Tradicionalmente, las participaciones las envían los padres de la novia con la siguiente redacción (que sigue siendo absolutamente correcta):

El Señor y la Señora James Welch
tienen el honor de participar
el matrimonio de su hija
Amy Sue
con el
Señor Jonathan Scott Jamison
que tendrá lugar el sábado 12 de junio
de 2009 en Mansfield, Pennsylvania

Otras diversas variaciones son igualmente correctas. Puede utilizar la fórmula *"tienen el honor de participar"* o, simplemente *"participan."* Aunque, tradicionalmente, son los padres de la novia quienes envían las participaciones, en la actualidad, cuando la actitud hacia el matrimonio es la "unión" de dos personas más que la "donación" de una mujer a un hombre, no hay razón por la cual no se pueda hacer en nombre de las dos familias. También los padres del novio están, supuestamente orgullosos y felices de compartir la participación. La redacción deberá ser la siguiente:

El Señor y la Señora James Welch
Y el Señor y la Señora Dewey Jamison
participan el matrimonio de
Amy Sue Welch
y
Jonathan Scott Jamison

La variación en cuanto a circunstancias, nombres y títulos sigue las normas de las invitaciones a una boda. Por lo general, la redacción de la invitación a la boda sirve de base para la redacción de la participación de la misma.

15

En Momentos de Dolor

94

Empatía por Correo Electrónico

PREGUNTA: Acabo de enterarme de que el marido de una amiga ha fallecido. ¿Está bien si le envío un correo electrónico expresándole mis condolencias?

RESPUESTA: Si sabe con certeza que su amiga utiliza con frecuencia su correo electrónico, está bien enviarle un correo electrónico en los días inmediatamente siguientes al fallecimiento de su ser querido, puesto que se trata de una forma inmediata y no invasiva de demostrarle que la piensa. Sin embargo, asegúrese de enviarle, a la mayor brevedad, una nota manuscrita. También sería una muestra de cariño llamarla y asistir al funeral, o ir a visitarla, si le es posible.

LO LARGO Y LO CORTO DE LAS NOTAS DE CONDOLENCIA

Las notas de condolencia son demasiado personales para ceñirse a una fórmula, pero las siguientes son algunas pautas simples:

Diga lo que siente. Expresar los verdaderos sentimientos que se tenían hacia la persona fallecida es mejor que la más costosa y elocuente tarjeta comprada en un almacén.

Asegúrese de que su nota sea corta y cariñosa. Una nota de condolencia es personal y corta. Quienes pasan por un duelo no deben tener que leer rebuscadas y complejas expresiones de pésame.

No entre en detalles de la muerte o la enfermedad. Céntrese en aspectos positivos de la persona y de su vida.

No diga: "Fue lo mejor" o "Es una bendición oculta." Lo más probable es que su amiga no lo piense así, y que no considere que su pérdida sea algo bueno; decir esto puede parecer presuntuoso y puede ser potencialmente desagradable.

Ofrezca cualquier ayuda que esté en capacidad de brindar. "Quisiera invitarte a comer alguna noche de esta semana, si te parece," es una muestra de consideración. Una expresión corriente como: "Por favor, llámame si hay algo que pueda hacer por ti" no es tan útil—a menos que se trate de una amistad muy estrecha y haya una buena probabilidad de que su amiga la llame.

Hágalo. Es cierto, no es algo fácil de escribir. Sin embargo, una nota de condolencia puede ser realmente un apoyo para la persona que ha sufrido una pérdida de esta índole.

Las siguientes son dos notas de condolencia en el tono correcto:

Querida Carole,

Fue muy triste recibir la noticia de la muerte de Jack. Si Keith o yo podemos ayudarte con las compras, con alguna diligencia o con cualquier cosa que necesites, espero que nos llames y, entre tanto, queremos que sepas que te pensamos y rezamos por ti.

Con nuestro más sentido pésame,
Sheryl

Apreciado Señor Bronson,

Aunque las palabras no pueden aliviar su tristeza en un momento como este, quiero que sepa, de todas formas, que lo pienso y lo tengo presente en mis oraciones.

Durante todo el tiempo que la conocimos, su madre siempre ocupó un lugar especial en nuestros corazones. Las incontables horas que pasó con nuestro hijo Jordan, serán algo que siempre recordaremos y su cálida presencia es algo que extrañaremos de veras.

Con nuestro más sentido pésame,
Elliot McManus

✳

95

¿A Quién Escribirle la Nota?

PREGUNTA: Un buen amigo acaba de morir. Era soltero ¿A quién debo enviar la nota de condolencia?

RESPUESTA: Si no conoce a nadie de su familia, dirija la nota a sus familiares más cercanos—en este caso, probablemente, sus padres. Si lo desea, puede agregar "y Familia." Cuando no se conoce a la persona que ha fallecido sino a uno de sus familiares, la nota debe ir dirigida a esa persona y no a otro miembro de la familia.

INCERTIDUMBRE SOBRE A QUIÉN DIRIGIR LA NOTA

No permita que la incertidumbre acerca de quién debe recibir la nota de condolencia le impida enviarla. A continuación se presentan soluciones para cada situación:

Conocía a la persona que falleció, pero no a su familia. Dirija la nota al familiar más cercano—por lo general la viuda o el viudo, o el hijo mayor. Puede agregar también "y Familia."

No conocía a la persona que falleció sino a uno de sus familiares. Escriba a esa persona, aunque no se trate del cónyuge ni de otro familiar más cercano.

Murió uno de los padres de su amigo. Dirija la nota a su amigo. No es necesario escribir al cónyuge sobreviviente, a menos que lo haya conocido bien, en cuyo caso sería una muestra de amabilidad.

El cónyuge de su amiga tenía una estrecha relación con su suegro ya fallecido. También él está de duelo, por lo que sus palabras representarán un consuelo para ambos. Haga referencia al marido de su amiga en el texto de su nota o dirija la nota a los dos.

Varios hermanos pierden uno de sus padres. Si usted tiene una relación especialmente cercana con uno de los hijos, escríbale a él. De lo contrario, dirija la nota de condolencia a todos los hijos, incluyendo sus nombres en líneas separadas: "Miss Renée Wynn," y "Mr. Charles Wynn", uno debajo de otro. El saludo deberá ser "Apreciados Renée y Charles."

El ex esposo de una amiga ha muerto. Si la pareja mantenía una estrecha relación, escriba una nota de condolencia a su amiga, y si lo desea, a los hijos de la pareja.

※

96

A Dónde Enviar las Flores para un Funeral

PREGUNTA: El padre de mi cuñada acaba de morir y quisiera enviar flores. ¿Debo enviarlas a la funeraria o a la casa de mi cuñada?

RESPUESTA: Depende de usted. Las flores pueden enviarse a la funeraria o directamente a la casa de su cuñada, como un recordatorio más personal de que la está pensando.

LAS FLORES CORRECTAS PARA UN FUNERAL

Las flores sirven como notas de condolencia durante el período de duelo, ya sea al momento de ir a visitar a los deudos, enviadas al funeral o al servicio religioso, a la tumba en el cementerio, o a la casa de los deudos. Esta guía le ayudará a decidir qué tipo de arreglo enviar y a dónde enviarlo:

Canasta de flores y plantas en macetas. Éstas son las ofertas habituales. Cualquier tipo de planta es virtualmente adecuada y puede elegirse para reflejar la personalidad del difunto.

Coronas, cruces y arreglos florales. Éstos suelen enviarse a nombre de un grupo. También son una buena elección para las empresas o asociaciones que quieren rendir homenaje al difunto.

Tributos florales. Por lo general se envían por amigos cercanos o miembros de la familia, son tributos con diseños personalizados basados en la profesión, los clubes, las acciones o incluso la personalidad del difunto. Por ejemplo, una corona con un apoyo que la mantenga de pie puede tener en el centro la fotografía de la persona en cuestión, el emblema de un club o una asociación, o un par de esquís o palos de hockey en miniatura, cruzados.

Arreglos para el ataúd. Habitualmente, son suministrados por miembros de la familia—hermanos, hijos o nietos del difunto. Ramos, por lo general de rosas o lirios que cubren la porción cerrada del féretro, en un funeral donde éste permanece abierto y todo el féretro una vez que se cierra. Los arreglos más pequeños enviados, por lo general, por la familia, deben ser colocados por el director de la funeraria dentro del ataúd.

Cuándo enviarlas. No hay reglas. Es buena idea que las flores lleguen lo más pronto posible donde los deudos, pero las agradecerán aunque el funeral o el servicio en memoria del difunto ya haya tenido lugar. Algunos amigos cercanos envían flores a la casa del deudo durante unos pocos meses como un recordatorio constante de su amor y preocupación.

En lugar de flores. A veces vemos que los obituarios dicen "En lugar de flores... " Esta expresión antecede a la información que indica que deben enviarse contribuciones para una entidad de beneficencia. Es mejor cumplir los deseos de la familia y no enviar flores sino hacer una donación a la entidad de beneficencia por ellos indicada, en memoria de la persona fallecida. Procure donar al menos lo que hubiera costado un arreglo de flores.

Para los deudos: *cómo responder*. Es importante hacer una lista de las flores recibidas para poder agradecer a quienes las han enviado. Alguien en la funeraria o en el lugar de culto suele hacer la lista de los arreglos florales que se reciban allí. Un miembro de la familia o un amigo cercano debe hacer la lista de las flores que se envíen a la casa de los deudos o a algún otro lugar.

✳

Cuando a una Persona Amiga le dan un Diagnóstico Difícil de Aceptar

PREGUNTA: Acabo de enterarme que una amiga tiene cáncer. La veré la semana que viene. ¿Debo mencionárselo? ¿Qué debo decirle?

RESPUESTA: Espere a que ella aborde el tema. Es posible que aún esté luchando con sus sentimientos en relación con el diagnóstico, y el hablar del tema puede perturbarla. Sin embargo, si es ella quien lo menciona, ofrézcale su apoyo y escúchela. Si sabe a ciencia cierta que ha hablado con otras personas, en general, acerca de su enfermedad, puede tomar la iniciativa: "Acabo de enterarme, por Stephanie, de tu diagnóstico. Sabes que estoy aquí para ayudarte en lo que pueda, por lo tanto, no dudes en contar conmigo para cualquier cosa que necesites."

LO MEJOR Y LO PEOR QUE PUEDE DECIRSE A UNA PERSONA ENFERMA

Es especialmente importante escoger bien las palabras cuando se habla con alguien que esté enfermo y que, sin duda, se estará sintiendo especialmente vulnerable. Las siguientes son algunas cosas que **no** se deben decir:

1. "Sé cómo te sientes." Sólo la persona que está enferma sabe cómo se siente.

2. "Vas a estar bien." A menos que usted tenga un título de médico, no sabe cuál es el pronóstico, menos aún el resultado final. Esto es especialmente inadecuado, algo que nunca debe decirse a alguien que tenga una enfermedad incurable.

3. "No es tan malo." De nuevo, no pretenda decirle a la persona enferma cómo se siente. Este comentario puede ser sólo una forma de tranquilizar a quien lo dice, pero puede resultar antipático para alguien, que, de hecho, se está sintiendo muy mal.

Una mejor forma de abordar la situación es escuchar lo que la persona enferma tenga que decir. Luego, más que tratar de convencerla de que no se debe sentir mal, habrá que aceptar y reconocer su situación y sus sentimientos. Decirle que no tiene nada de malo sentirse como se siente y tranquilizarla le ayudará a sentirse mejor, si no es desde el punto de vista físico, sí será desde el punto emocional. Los siguientes son algunos ejemplos de palabras que trasmiten empatía:

"Debe ser muy difícil."
"Debes sentirte muy limitada."
"Debe ser frustrante sentirte tan indefensa."
"¡Realmente lamento que te sientas tan mal!"

Si hay poca probabilidad de recuperación, evite cualquier comentario que pueda sonar demasiado optimista o pesimista. Si visita a alguien que asiste a su lugar de culto, o que es receptivo a la práctica de rezar unidos, será una actitud adecuada y tranquilizante para demostrarle su apoyo.

Un aspecto clave: no ignore a alguien que esté gravemente enfermo o que padezca una enfermedad incurable. Esa persona puede sentirse abandonada y "desechada" por los demás. Lo mejor es mantenerse en contacto. Permita que esa misma persona le indique hasta dónde puede tener contacto con ella. Aunque se dé cuenta de que prefiere no tener visitas y no responder al teléfono, puede enviarle tarjetas o correos electrónicos que la animen al saber que piensa en ella y se preocupa por ella.

Visitas Cortas y Amables

PREGUNTA: ¿Cuánto tiempo debe permanecer una visita con alguien que esté enfermo?

RESPUESTA: A lo sumo, veinte minutos, aunque su amigo insista en que se quede. Si mientras usted está con él llegan otras personas a visitarlo, váyase antes de lo previsto para que los demás puedan visitarlo sin agotarlo.

CUATRO COSAS QUE NO DEBEN HACER QUIENES VISITEN A UNA PERSONA AMIGA EN EL HOSPITAL

Las siguientes son cosas que *no* deben hacerse al visitar a alguien en el hospital:

No use perfume. La enfermedad y algunos medicamentos pueden intensificar los olores y hacer que resulten inclusive nauseabundos.

No se siente en la cama del paciente. Aunque piense que es una muestra de afecto y preocupación, puede producirle dolor al paciente.

No excluya al paciente de la conversación. Si hay dos o tres personas visitándolo a la vez, por ejemplo, no se enfrasquen en una discusión acerca de la reunión escolar a la que asistirán más tarde ese mismo día ni acerca de alguna noticia que haya aparecido en el periódico y que el paciente aún no haya visto.

No permanezca más tiempo del conveniente. Que su visita sea corta y rápida, para no quitarle energía al paciente del proceso más importante que es el de su recuperación. Prográmese para no permanecer más de veinte minutos en la habitación del paciente y cumpla ese propósito.

❊

¿Colores Brillantes o Negro?

PREGUNTA: Hace poco, al asistir a un funeral, me sorprendí al ver a unas cuantas mujeres con vestidos de colores brillantes. Los modelos no eran inadecuados, pero siempre pensé que el color de rigor para un funeral era el negro ¿Está bien usar colores brillantes?

RESPUESTA: Aunque nunca quedará mal si usa negro, en la actualidad, se consideran adecuados los colores brillantes si el modelo es adecuado y de buen gusto para el lugar en donde se lleva a cabo el funeral. Por lo tanto, no deben ser diseños escandalosos. Ni sueñe con usar una camisa hawaiana, por favor—a menos que sea la forma perfecta de recordar al difunto y corresponda con el lugar del funeral.

QUÉ PONERSE PARA UN FUNERAL

Todo se reduce al respeto y a la elección personal. Algunos sostienen que, para ellos, un funeral es una celebración de la persona y la vida del difunto, y que, por consiguiente, no deberían usar negro. Una mujer me dijo que se había puesto un vestido rojo para el funeral de su mejor amiga, porque el rojo había sido siempre el color favorito de la difunta. La decisión de lo que deba usar depende del lugar donde se lleve a cabo el servicio funerario y de lo que pueda esperar la familia de los deudos. ¿Se tratará de una ceremonia en un lugar de culto o será por el contrario un panegírico en alguna funeraria o en cualquier otro lugar? ¿Cree que los colores brillantes podrían ser motivo de mayor preocupación para la familia de los deudos en ese preciso día? ¿Se pregunta si debe utilizar un conjunto de chaqueta y pantalón o una camisa sport? En caso de duda, opte por la ropa y los colores conservadores. Si ha pensado su elección cuidadosamente y considera que está bien utilizar colores brillantes o ropa informal, o ambos, hágalo—aunque, claro está, siempre dentro de normas respetuosas.

Cuando Hay Buenas y Malas Noticias

PREGUNTA: Una amiga acaba de tener mellizas, pero una de ellas nació muerta. Quiero expresarle mis condolencias por la muerte de una de sus hijas y expresarle a la vez mi alegría por la llegada de la otra. ¿Debo enviarle dos notas separadas?

RESPUESTA: Es un momento para expresar tanto condolencias como felicitaciones y las dos cosas pueden incluirse en la misma nota. Exprese esos sentimientos a su amiga y, en sus propias palabras, hable de su alegría por la llegada de la hija sana y salva y por su tristeza por la pérdida de la otra. Evite decir cosas como: "Fue lo mejor." Puede terminar su nota ofreciéndose a ayudarla con las compras o con el trabajo de la casa.

CÓMO CONSOLAR, SIN OFENDER

Por lo general, muchos procuran no acercarse a quienes han perdido a sus seres queridos por temor a decir algo indebido. Tenga presentes las siguientes sugerencias y le resultará más fácil consolar a sus amigos o familiares en los momentos de dolor:

NO DIGA	DIGA EN CAMBIO
"Está en un Lugar Mejor."	**"Lamento tu Pérdida."**
"¿Tenía Seguro de Vida?"	**"Era un Padre de Familia y un Esposo tan Bueno."**
"Llámame si hay Algo Que Pueda Hacer."	**"¿Puedo Traerte la Cena de Mañana en la Noche?"**
"Es la Voluntad de Dios."	**"Era una Persona Extraordinaria."**
"Sé Cómo te Sientes."	**"Quiero que Sepas que te Pienso."**
"Ahora Eres el Hombre de la Casa."	**"Tu Padre era un Ejemplo para Todos Nosotros."**

ÍNDICE

EMILY POST 1873–1960

EMILY POST COMENZÓ SU CARRERA DE ESCRITORA a los treinta y un años. Sus historias románticas sobre las sociedades europea y americana fueron publicadas como serie en *Vanity Fair, Collier's, McCall's* y otras revistas populares. Muchas se publicaron, también con éxito, en forma de libro.

Su libro *Etiquette*, publicado en 1922, ocupó el primer lugar en la lista de bestsellers y la frase "Según Emily Post" pronto se convirtió en parte de nuestro léxico como la última palabra en el tema del comportamiento social. La señora Post, a quien de niña le habían enseñado que las mujeres bien educadas no debían trabajar, se convirtió de pronto en una norteamericana pionera. Sus numerosos libros, su columna periodística sindicada y su programa habitual en la radio la convirtieron en figura de talla nacional y en un personaje importante por el resto de su vida.

"Los buenos modales reflejan algo que viene de adentro—un sentido innato de consideración por los demás y respeto por uno mismo."

EMILY POST